La schizophrénie
Guide d'information

ÉDITION RÉVISÉE

Debbie Ernest, MSS, TSI
Olga Vuksic, IA, M.Sc.Inf.
Ashley Shepard-Smith, MSS, TSI
Emily Webb, M.Sc.Erg., erg. aut. (Ontario)

camh

Centre de toxicomanie et de santé mentale

Un Centre collaborateur de l'Organisation panaméricaine
de la Santé et de l'Organisation mondiale de la Santé

Catalogage avant publication de Bibliothèque et Archives Canada

Ernest, Debbie, 1970-
[Schizophrenia. Français]
    La schizophrénie : guide d'information / Debbie Ernest,
MSS, TSI, Olga Vuksic, IA, M.Sc.Inf., Ashley Shepard-Smith,
MSS, TSI, Emily Webb, M.Sc.Erg., erg. aut. (Ontario). -- Édition
révisée.

Traduction de: Schizophrenia.
Publié en formats imprimé(s) et électronique(s).
ISBN 978-1-77052-623-5 (couverture souple).--ISBN 978-1-77052-624-2
(PDF).--ISBN 978-1-77052-625-9 (HTML).--ISBN 978-1-77052-626-6
(EPUB).--ISBN 978-1-77114-236-6 (Kindle)

    1. Schizophrénie. I. Vuksic, Olga, 1970-, auteur II. Shepard-Smith,
Ashley, 1986-, auteur III. Webb, Emily, 1985-, auteur IV. Centre de
toxicomanie et de santé mentale, organisme de publication V. Titre.
VI. Titre: Schizophrenia. Français

RC514.E7614 2018   616.89'8   C2018-900730-3
                                                C2018-900731-1

Il se peut que cette publication soit disponible sur des supports de substitution. Pour tout renseignement sur les supports de substitution, sur d'autres publications de CAMH ou pour passer une commande, veuillez vous adresser à Ventes et distribution :
Sans frais : 1 800 661-1111
À Toronto : 416 595-6059
Courriel : publications@camh.ca
Cyberboutique : http://store.camh.ca
Site Web : www.camh.ca/fr

Available in English under the title:
Schizophrenia: An information guide

Ce guide a été édité par le Département de l'enseignement et de la formation du Centre de toxicomanie et de santé mentale (CAMH).

3973k / 03-2018 / PM118

Table des matières

Remerciements

Les auteures remercient les personnes qui leur ont fait part de leur expérience personnelle de la schizophrénie et qui les ont autorisées à les faire figurer dans le présent guide : Ann, Gilda, Moustafa Ragheb, Moshe Sakal et S. Nous remercions également les personnes qui ont revu les ébauches préliminaires du guide : Ann, Gilda, Moustafa Ragheb, Moshe Sakal, V. C. C. et Henry Yip ; elles tiennent aussi à remercier les professionnels de la santé œuvrant auprès de personnes touchées par la schizophrénie qui se sont chargées de la révision : April Collins, MSS, TSI ; Sean A. Kidd, Ph. D., psychologue agréé, spécialiste en réadaptation psychosociale ; Yarissa Herman, D. Psy., psychologue agréée ; Mike Pett, MSS, TSI ; Gary Remington, M.D., Ph. D., FRCPC, et John Spavor, M. Sc. (erg.).

Nous remercions les auteurs des publications antérieures de CAMH, notamment ceux des guides de la présente série, dont le travail a servi de base aux informations présentées ici. Nous tenons tout particulièrement à remercier Jane Patterson, Dale Butterill, Claudia Tindall, David Clodman et April Collins, qui ont rédigé la version antérieure de ce guide.

Merci enfin à l'équipe du Département de l'enseignement et de la formation du CAMH : Michelle Maynes, conceptrice de produits ; Nick Gamble, rédacteur de la version originale anglaise, Mara Korkola, conceptrice graphique, et Tony Ivanoff, lecteur d'épreuves de la traduction faite par Régine Bohar.

Introduction

Ce guide s'adresse aux personnes aux prises avec la schizophrénie, aux familles et aux amis de ces personnes et à tous les gens
désireux de mieux connaître cette maladie et de se faire une meilleure idée de l'expérience des personnes affectées.

Le guide devrait répondre à bon nombre des questions que vous
vous posez au sujet de la schizophrénie. Il peut aussi vous renseigner sur les questions à poser aux fournisseurs de soins. Vous
pouvez le lire d'un trait ou y piocher ce qui vous intéresse. Sachez
cependant que certains termes et notions sont expliqués dans les
premiers chapitres.

Nous souhaitons que ce guide suscite l'espoir et qu'il fournisse
des informations permettant aux personnes touchées par la
schizophrénie et aux familles d'exercer un contrôle sur le traitement et de prendre leur vie en main. Le guide aborde aussi les difficultés que crée la schizophrénie. L'expérience de la maladie varie
grandement selon les personnes, le soutien dont elles disposent
et leur avancée sur la voie du rétablissement. Des témoignages de
personnes atteintes de schizophrénie illustrent cette grande diver-
sité d'expériences.

*Remarque : Les termes de genre masculin utilisés pour désigner des per-
sonnes englobent les femmes et les hommes. L'usage exclusif du masculin
ne vise qu'à alléger le texte.*

1 Qu'est-ce que la schizophrénie ?

Il y en a qui disent que la schizophrénie, c'est quand les gens entendent des voix et voient des choses qui n'existent pas, mais pour moi, c'était différent : j'avais des pensées qui me troublaient profondément et qui me faisaient faire ou dire des choses inacceptables. Au début, ça n'avait l'air de rien, mais j'ai commencé à avoir de mauvais résultats à l'école et c'est devenu très pénible. Quand je suis entrée à l'université, je me suis mise à penser que les gens voulaient me faire du mal. Je n'étais pas capable de fonctionner et de m'occuper des nécessités de la vie quotidienne. — Anne

La schizophrénie est une maladie mentale complexe qui affecte les pensées, les émotions et le comportement, de même que les relations avec autrui. Elle touche les deux sexes, mais elle est légèrement plus fréquente chez les hommes. Le premier épisode se produit d'ordinaire entre la fin de l'adolescence et le début de la vingtaine, et il survient généralement plus tôt chez les personnes de sexe masculin, mais il arrive que la maladie fasse une apparition plus tardive. Jusqu'à une personne sur cent pourrait être touchée par la schizophrénie au cours de sa vie. À tout moment, jusqu'à 51 millions de personnes dans le monde entier seraient aux prises avec la schizophrénie, dont plus de 280 000 au Canada.

La schizophrénie est une maladie extrêmement éprouvante et difficile à appréhender. Les hallucinations, idées délirantes et autres symptômes se traduisent par une parte de contact avec la réalité. Il s'agit d'une expérience souvent déroutante et particulièrement difficile pour la personne affectée ainsi que pour les membres de sa famille, ses amis et les personnes qui la côtoient, qui ont souvent du mal à comprendre ce qui se passe ou à communiquer avec la personne malade. De leur côté, les personnes aux prises avec la schizophrénie connaissent une altération de la pensée qui fait qu'elles ont du mal à s'exprimer et à effectuer les tâches nécessaires à la vie, ce qui les amène à se replier sur elles-mêmes et à s'isoler.

Le rétablissement de la schizophrénie est graduel et varie d'une personne à l'autre. Habituellement, les symptômes s'atténuent et deviennent plus faciles à gérer avec le temps, même s'ils ne disparaissent pas toujours. En axant le traitement de la schizophrénie sur le rétablissement, on éveille l'espoir, on favorise l'autonomisation et on inspire l'optimisme. Normalement, il est possible de gérer efficacement la maladie en associant le traitement médicamenteux à un soutien psychosocial (p. ex., psychothérapie, éducation et soutien par les pairs). Les personnes atteintes de schizophrénie peuvent se rétablir et mener une vie épanouissante.

> *J'aimerais que les gens comprennent que ce qu'on voit dans les nouvelles, ce sont uniquement les cas extrêmes. Il y a beaucoup de personnes qui vivent avec la schizophrénie sans même que ça se voie. On est des êtres humains nous aussi : on éprouve des émotions et on a des possibilités infinies, comme tout le monde.*
> *— S.*

Déclenchement et évolution de la schizophrénie

La schizophrénie débute souvent si graduellement qu'elle peut passer inaperçue pendant longtemps, tant pour les personnes touchées que pour les familles. Parfois, cependant, les symptômes se manifestent rapidement et sont plus faciles à reconnaître. La schizophrénie comporte trois phases : la phase prodromique (symptômes avant-coureurs de la maladie), la phase active et la phase résiduelle. Ces phases se succèdent généralement dans cet ordre et se répètent par cycles tout au long de la maladie, la durée de chaque phase variant d'une personne à l'autre.

1. PHASE PRODROMIQUE

Lorsque les symptômes se développent graduellement, la personne touchée commence à se désintéresser de ses activités habituelles et à s'isoler de ses amis et des membres de sa famille. Ses idées s'embrouillent, elle a de la difficulté à se concentrer et elle éprouve de l'indifférence et de l'apathie, préférant passer seule le plus clair de son temps. Il arrive aussi qu'elle fasse une fixation intense sur certains sujets ou idées (p. ex., sentiment de persécution, religion, célébrités). Ces comportements sont particulièrement contrariants pour la famille et les amis, qui ne se doutent souvent pas qu'ils sont causés par la schizophrénie. Les symptômes en restent parfois là, mais cette phase est ordinairement suivie d'une phase active. La phase prodromique peut durer des semaines ou des mois, voire des années.

2. PHASE ACTIVE

Durant la phase active (ou phase aiguë) de la maladie, la personne affiche généralement des symptômes de psychose, dont idées délirantes, hallucinations, distorsions de la pensée et troubles du comportement et de l'affectivité. Cependant, ces symptômes pouvant également être causés par d'autres troubles mentaux ou physiques (p. ex., trouble bipolaire, psychose due aux drogues et traumatisme crânien), d'autres facteurs sont pris en compte dans le diagnostic de la schizophrénie (cf. page 12).

La phase active de la schizophrénie se manifeste le plus souvent après une phase prodromique, mais il arrive aussi que les symptômes de la phase active apparaissent subitement.

3. PHASE RÉSIDUELLE

Après une phase active, une fois les symptômes apaisés, la personne touchée devient souvent apathique, se replie sur elle-même et a du mal à se concentrer. Les symptômes de cette phase ressemblent à ceux de la phase prodromique.

La phase active de la schizophrénie peut se manifester une ou deux fois dans la vie, mais il arrive aussi que la personne touchée par la schizophrénie connaisse de nombreux épisodes. Il est à noter qu'après chaque phase active, les symptômes résiduels ont tendance à s'amplifier, de sorte que la capacité de la personne à fonctionner normalement est de plus en plus compromise. C'est une des raisons pour lesquelles il est essentiel de faire en sorte d'éviter les rechutes (le retour des symptômes actifs) en suivant le traitement prescrit et le plan de rétablissement.

> On est quelqu'un de méconnaissable. On agit de façon complètement différente. Les gens se disent : je ne le reconnais pas. Pourquoi est-ce qu'il se comporte comme ça ? Mais ça vient de la maladie. — Moustafa

Quels sont les symptômes de la schizophrénie ?

Si la personne aux prises avec la schizophrénie a des idées délirantes et des hallucinations, et elle connaît des troubles de la pensée, de la parole ou du comportement et d'autres symptômes affectant sa capacité d'accomplir ses activités quotidiennes, il faut néanmoins savoir que ces symptômes ne sont pas propres à la schizophrénie – ils peuvent aussi indiquer la présence d'autres troubles mentaux et physiques.

Les principaux symptômes de la schizophrénie sont classifiés en trois catégories : les symptômes dits « positifs » et « négatifs », et les symptômes cognitifs, mais les personnes touchées par la schizophrénie éprouvent souvent d'autres symptômes.

SYMPTÔMES POSITIFS

L'adjectif « positifs » désigne les symptômes qui viennent « s'ajouter » par la maladie aux fonctions mentales habituelles. Au nombre des symptômes positifs figurent les idées délirantes et les hallucinations, ainsi qu'une désorganisation de la pensée, du discours et du comportement.

Idées délirantes

Les idées délirantes sont des convictions profondes qui ne cadrent ni avec la réalité ni avec la culture à laquelle appartient la personne. Ces croyances sont si tenaces que la personne résiste à toutes les tentatives qui sont faites pour la raisonner ou lui prouver qu'elle se trompe. Les idées délirantes sont parfois interprétées comme des distorsions extrêmes ou des interprétations erronées des percep-tions ou des expériences de la personne. Parmi les idées délirantes courantes chez la personne atteinte de schizophrénie, on peut citer :

- la conviction d'être suivie ou épiée, ou la certitude qu'on lui veut du mal (paranoïa) ;
- la conviction que son corps ou ses pensées sont contrôlés par des forces extérieures ;
- la conviction que des évènements ordinaires ont une signification spéciale pour elle (p. ex., la certitude qu'un article de journal, les paroles d'une chanson ou un personnage de la télévision communique des messages spéciaux à son intention) ;
- la conviction d'être particulièrement importante ou d'avoir des pouvoirs extraordinaires ;
- la conviction que les gens peuvent lire dans ses pensées.

Hallucinations

Les hallucinations sont des troubles de la perception. Il existe des hallucinations auditives, visuelles, gustatives, olfactives et émotionnelles. Les hallucinations les plus courantes chez la personne aux prises avec la schizophrénie sont les hallucinations auditives : le fait d'entendre des bruits ou des voix qui, souvent, parlent d'elle ou lui parlent. Ces voix sont parfois perçues comme inoffensives ou même réconfortantes, par exemple lorsqu'elles font des commentaires sur des choses ou des personnes appartenant à l'expérience du sujet, mais il est plus fréquent qu'elles soient effrayantes ou humiliantes et qu'elles provoquent de la détresse. Les voix peuvent aussi être perçues comme des ordres d'exécuter certaines actions. La détresse que les voix peuvent engendrer dépend de ce qu'elles disent et du sens que la personne leur attribue.

Désorganisation de la pensée et du discours

La schizophrénie affecte la capacité d'une personne à établir des liens entre ses pensées et à communiquer de manière claire et logique. Les pensées sont entravées ou incohérentes, ce qui se traduit dans la façon dont la personne s'exprime.

On peut observer par exemple qu'elle :
· saute du coq à l'âne ;
· invente des mots qui ne veulent rien dire ;
· assemble des idées sans rapport apparent ;
· répond complètement à côté aux questions qui lui sont posées ;
· enchaîne des mots qui riment, mais qui n'ont aucun sens.

Perturbations du comportement

La schizophrénie affecte la capacité d'une personne à fonctionner au quotidien, à planifier ses journées et à accomplir les actes essentiels à la vie quotidienne : se laver, prendre les transports en commun, effectuer les tâches scolaires et professionnelles, faire son épicerie, préparer ses repas, etc.

Il arrive aussi que la personne aux prises avec la schizophrénie se comporte d'une façon qui semble inhabituelle à son entourage : en montrant subitement de l'agitation sans raison apparente ou en affichant une désinhibition en société, par exemple.

Bien que ce soit moins fréquent, des symptômes catatoniques peuvent aussi se produire, dont rigidité corporelle, immobilité, mouvements excessivement répétitifs ou absence de réactions aux stimuli extérieurs.

> Pour moi, la schizophrénie, c'est avoir des pensées décousues et faire des choses que je ne ferais pas d'habitude. La dernière fois que j'ai été hospitalisée, j'avais mis dehors tous mes meubles : mon lit, mes tables, ma télé, ma radio, mon ordinateur et, pour finir, mes vêtements. J'appelais la police tous les jours parce que ça ne tournait pas rond. Mes meubles me manquaient et pourtant, je les avais mis dehors. Pourquoi est-ce que je faisais ça ? — Anne

SYMPTÔMES NÉGATIFS

Les symptômes « négatifs » de la schizophrénie renvoient à une diminution de la capacité habituelle à accomplir des tâches et à profiter de la vie. Au nombre des symptômes négatifs figurent le manque de motivation, le repli sur soi, l'apathie (émoussement affectif), la perte d'intérêt pour les choses qui procuraient du plaisir et l'amenuisement de la communication verbale.

Les symptômes négatifs sont généralement plus persistants que les symptômes positifs et ils affectent souvent la capacité de la personne à travailler, à étudier, à prendre soin des personnes à sa charge et à accomplir les tâches quotidiennes.

Manque de motivation

La personne aux prises avec la schizophrénie a du mal à finir ses tâches ou à accomplir les objectifs qu'elle s'est fixés. Elle manque aussi souvent d'énergie et de motivation avant et après une phase active. Certains interprètent ce comportement à tort comme de la paresse ou comme un « refus d'essayer » et, croyant qu'il est intentionnel, ils en dérivent un sentiment d'exaspération à l'égard de la personne, alors que ce comportement vient de la maladie et non d'un défaut de caractère.

Repli sur soi

L'un des premiers symptômes à se manifester chez un grand nombre de personnes touchées par la schizophrénie est le changement de sensibilité à l'égard d'autrui – soit que ces personnes deviennent plus sensibles à l'égard de ce que ressentent les gens qui les entourent, soit que, complètement absorbées par leurs propres pensées et sensations, elles cessent de prêter attention aux sentiments et à la vie des gens de leur entourage et se replient sur elles-mêmes. Beaucoup d'entre elles deviennent soupçonneuses et croient qu'on les évite, qu'on parle d'elles dans leur dos ou qu'on les voit sous un jour négatif. Elles se sentent plus en sécurité et plus calmes lorsqu'elles sont seules. Elles passent plus de temps dans leur chambre et se désintéressent de leur famille et de leurs amis.

> *Tout ce qui est arrivé, c'est qu'elle a dit : « Je ne retourne plus à l'école ». Ça la perturbait trop. Elle n'était pas capable d'exprimer ce qu'elle ressentait parce qu'elle n'en était pas consciente. Je lui demandais si ça allait et elle répondait que oui. Je n'ai pas réalisé l'intensité de sa détresse. Elle s'est isolée. Elle essayait de comprendre ce qui lui arrivait. Elle passait tout son temps dans sa chambre. Pour elle, c'était une expérience toute intérieure.* — Gilda

Apathie (émoussement affectif)

La personne aux prises avec la schizophrénie a tendance à perdre son expressivité émotionnelle et à montrer un visage impassible et un regard fixe, à s'exprimer d'une voix monotone et à avoir un langage corporel moins démonstratif qu'avant le début de la maladie.

Perte d'intérêt pour les choses qui procuraient du plaisir

Les personnes touchées par la schizophrénie se désintéressent souvent des choses qui leur procuraient du plaisir ou de la joie – la pratique d'un instrument de musique, d'un sport ou d'une autre activité de loisir, par exemple, que cette activité se pratique seul ou non. Néanmoins, à mesure que ces personnes se sentent mieux, elles peuvent y reprendre goût.

Amenuisement de la communication verbale

En raison du ralentissement de la pensée et de la tendance à perdre le fil, les personnes touchées par la schizophrénie parlent généralement très peu, même dans les situations où on s'attend à ce qu'elles le fassent. Et lorsqu'on leur pose des questions, leurs réponses sont souvent courtes et contiennent peu d'informations.

Changements aux niveaux des habitudes et de la capacité fonctionnelle

Il arrive que les personnes aux prises avec la schizophrénie cessent de s'intéresser à leur apparence et qu'elles négligent leur tenue vestimentaire et leur hygiène corporelle. Elles peuvent aussi avoir de la difficulté à faire leur épicerie, à aller travailler où à accomplir d'autres activités de la vie quotidienne.

SYMPTÔMES COGNITIFS ET AUTRES

Altération de la fonction cognitive

La schizophrénie affecte le siège de la pensée ou la fonction cognitive. Les changements qu'elle entraîne peuvent être mineurs ou marqués et affecter la capacité de la personne à :

- être attentive, se concentrer et faire appel à sa mémoire ;
- interpréter ce qui se passe autour d'elle ;
- raisonner et faire preuve de jugement ;
- comprendre et traiter l'information ;
- s'exprimer par le langage ;
- déchiffrer les messages non verbaux et comprendre les interactions sociales ;
- planifier et organiser les tâches.

L'effet de la schizophrénie sur les pensées constitue une entrave à la capacité à travailler ou à étudier, à accomplir les activités de la vie quotidienne et à se comporter de façon appropriée en société. Les symptômes cognitifs sont particulièrement éprouvants, car ils sont souvent persistants et répondent mal aux médicaments.

> Je n'ai pas l'impression que les choses se soient améliorées depuis que je prends des médicaments. Il me semble que c'est toujours pareil. Mes pensées ne sont plus aussi décousues, mais ma vie ne s'est pas améliorée. J'ai toujours

du mal avec la vie de tous les jours : même simplement
faire mes courses et me faire à manger. — Anne

Troubles de l'affectivité ou de l'humeur

En raison des nombreux symptômes associés à la schizophrénie,
il est très difficile, pour la personne touchée, de reconnaître et
d'exprimer ses émotions. Parfois, ces émotions affleurent brusque-
ment à la surface de façon inappropriée ou anormalement intense,
alors qu'à d'autres moments, la personne touchée par la maladie se
sent vide d'émotions.

Les personnes aux prises avec la schizophrénie ont tendance
à souffrir de dépression. Il arrive qu'elles souffrent de trouble
anxieux, surtout quand elles sont accablées par leurs symptômes,
et même qu'elles aient des idées de suicide (la question du suicide
est traitée en détail à la page 21). Certaines personnes ressentent
aussi de la colère.

Ambivalence

Le terme d'« ambivalence » fait référence aux idées, désirs et sentiments contradictoires envers des gens, des choses ou des situations.
Les personnes touchées par la schizophrénie ont tendance à être
en proie à l'incertitude et au doute. Elles ont de grandes difficultés
à prendre des décisions, même à propos de choses sans conséquence – comment s'habiller le matin, par exemple. En outre,
même lorsqu'elles sont capables de prendre une décision, elles ont
souvent du mal à s'y tenir.

Manque de discernement

Il n'est pas rare que les personnes touchées par la schizophrénie
n'envisagent pas que ce qu'elles vivent puisse être une maladie.
Ce manque de discernement est parfois présent tout au long de la
maladie et conduit au rejet du traitement recommandé. Pour les
membres de la famille, il s'agit d'une situation particulièrement
difficile à comprendre et à accepter.

La première fois que je suis allé à l'hôpital, c'est parce que les flics m'avaient mis dans une ambulance. Le lendemain, je me sentais complètement différent, mais j'ai refusé d'accepter le diagnostic et de prendre des médicaments quand j'ai quitté l'hôpital une semaine plus tard. — Moshe

Comment diagnostique-t-on la schizophrénie ?

Il n'existe aucun examen de laboratoire, examen d'imagerie ou examen physique permettant de diagnostiquer la schizophrénie. Cependant, ces types d'examens peuvent être employés pour écarter d'autres troubles ayant des symptômes semblables.

Le diagnostic peut être posé par n'importe quel médecin, mais il est préférable qu'il le soit par un psychiatre ou un psychologue, car ces spécialistes de la santé mentale sont formés pour diagnostiquer les troubles mentaux et ils ont de l'expérience dans ce domaine. Les psychologues sont habilités à poser le diagnostic et à dispenser une psychothérapie, mais seuls les psychiatres et autres médecins peuvent prescrire des médicaments.

Pour établir le diagnostic, le médecin ou le psychologue utilise un questionnaire afin de déterminer le mode de pensée et de comportement de la personne. Le recueil d'informations peut prendre une ou plusieurs séances. Le clinicien peut également recueillir des renseignements auprès de membres de la famille ou d'autres personnes qui connaissent bien les antécédents de la personne. D'autres professionnels, notamment travailleurs sociaux, infirmières ou ergothérapeutes, participeront peut-être également à la collecte des informations.

Le diagnostic de schizophrénie est fondé sur :
· les informations recueillies ;
· l'exclusion d'autres explications possibles pour les symptômes ;
· le jugement clinique du médecin ou du psychologue ;
· la présence ininterrompue de symptômes pendant au moins
  six mois, dont au moins un mois de symptômes de phase active
  (positifs ou négatifs) ;
· la gravité des symptômes. Pour qu'un diagnostic de schizophrénie soit posé, il faut que les symptômes affectent la fonction et
  se répercutent sur les relations sociales, les études ou l'activité
  professionnelle de la personne.

Le type et la gravité des symptômes varient d'une personne à
l'autre.

Il n'est pas facile d'établir le diagnostic, car il existe d'autres troubles
ayant plusieurs caractéristiques semblables à celles de la schizophrénie (p. ex., hallucinations et idées délirantes), même s'il y a des
différences importantes. La schizophrénie est à présent considérée
comme appartenant à un spectre de troubles psychiques associés
à la psychose. Il existe aussi des troubles physiques qui peuvent
causer des symptômes semblables. L'expertise d'un médecin ou
d'un psychologue est essentielle à l'établissement du diagnostic.
Voici quelques troubles présentant des symptômes similaires à
ceux de la schizophrénie :
· trouble schizoaffectif ;
· trouble délirant ;
· trouble schizophréniforme ;
· trouble bipolaire ;
· dépression psychotique ;
· personnalité schizotypique ;
· trouble psychotique induit par une substance ;
· trouble psychotique bref.

Les recherches ont montré que plus tôt le bon diagnostic était posé et le traitement de la schizophrénie instauré, meilleur était le pronostic à long terme. La participation de la famille et le fait qu'elle prenne fait et cause pour la personne affectée aident cette dernière à se faire correctement diagnostiquer et à se faire soigner au plus vite.

> *Le généraliste n'avait pas la moindre idée [de ce que c'était]. Le psychiatre a dit que c'était une dépendance. Aucune tentative de diagnostic de maladie mentale n'a été faite. Ça a pris deux ans.* — Gilda

> *Les choses sont devenues si chaotiques que j'ai craqué. J'ai fait une dépression et on m'a diagnostiqué un trouble schizoaffectif. Et je ne sais pas pour quelle raison, je ne suis pas certaine pourquoi, mais je sais que mes pensées étaient confuses, que j'étais paranoïaque et anxieuse à l'extrême. J'étais à cran et hyper stressée.* — Anne

> *J'avais des antécédents familiaux, alors quand j'ai remarqué des changements, j'ai décidé de consulter un professionnel. Je crois que ça m'a vraiment été utile d'être capable de reconnaître les signes d'alarme et de me faire soigner dès le début. J'ai pu obtenir un diplôme, conserver mon emploi, avoir des amitiés et vivre de façon indépendante.* — S.

Problèmes concomitants

Les personnes aux prises avec la schizophrénie ont souvent d'autres problèmes. Il peut s'agir de problèmes de santé physique, de dépendance à une substance psychotrope ou d'antécédents de traumatismes. Même en l'absence de troubles concomitants, la schizophrénie représente un défi de taille pour la personne atteinte et sa famille. Quand il y a des problèmes concomitants, leur traitement doit être intégré au plan de rétablissement.

TROUBLES PHYSIQUES

En général, les personnes aux prises avec la schizophrénie ont davantage de problèmes de santé et courent un risque accru de mort prématurée. La cause la plus fréquente de décès chez cette population sont les maladies cardiovasculaires, ce qui est dû en partie à l'obésité, à l'hypertension artérielle et à l'hypercholestérolémie, au diabète, au tabagisme et à d'autres facteurs en rapport avec une mauvaise hygiène de vie. En outre, certains médicaments employés pour traiter la schizophrénie peuvent entraîner une prise de poids ou aggraver d'autres facteurs de risque, déclenchant parfois l'apparition d'un diabète ou d'autres graves problèmes de santé.

Les personnes touchées par la schizophrénie ont plus de difficulté que les autres à accéder aux soins et il est fréquent que leurs troubles physiques ne soient pas traités de façon adéquate. Pour les personnes atteintes d'un trouble de santé mentale, quel qu'il soit, l'exercice physique régulier, une alimentation saine et la consultation périodique d'un médecin de famille sont essentiels au maintien d'un bon état de santé général, au bien-être et au rétablissement.

CONSOMMATION D'ALCOOL ET DE DROGUES ET TABAGISME

On ne sait pas au juste pourquoi la consommation d'alcool et de drogues et le tabagisme sont plus fréquents chez les personnes atteintes de schizophrénie. Les recherches semblent indiquer que la consommation d'alcool, de drogues et de tabac pourrait augmenter le risque de schizophrénie, et que la schizophrénie pourrait augmenter le risque de trouble lié à la consommation de ces substances. De plus, les sujets génétiquement prédisposés, courent un plus grand risque de développer à la fois une schizophrénie et un trouble lié à la consommation de substances psychotropes. Il faudra effectuer d'autres recherches pour mieux comprendre le lien entre la schizophrénie et la consommation de substances psychotropes.

Les personnes atteintes de schizophrénie consomment des substances psychotropes pour plusieurs raisons :
· pour s'auto-soigner (pour soulager leurs symptômes ou leurs tourments) ;
· pour se détendre, se procurer du plaisir, combattre l'ennui ou tisser des liens sociaux ;
· pour faire face aux traumatismes passés, à la pauvreté, à l'isolement, au sans-abrisme et à la stigmatisation.

La relation entre les problèmes de dépendance et la schizophrénie est complexe et elle revêt une grande importance. Par exemple :
· Le tabagisme contribue à la mauvaise santé physique des personnes atteintes de schizophrénie.
· La nicotine peut interagir avec certains antipsychotiques et réduire leur efficacité.
· La consommation de cannabis à un jeune âge augmente le risque de schizophrénie.

La consommation de substances psychotropes par les personnes aux prises avec la schizophrénie peut :
· avoir des répercussions néfastes sur les relations avec autrui, l'emploi, la situation financière et la santé physique ;
· donner lieu à des démêlés avec la justice ;
· aggraver les symptômes psychotiques ;
· aggraver la dépression et l'anxiété ;

· diminuer l'efficacité des médicaments et des traitements psychosociaux ;

· accroître le risque de rechute, d'hospitalisation, de problèmes
de logement, de comportement perturbateur et de problèmes
relationnels.

Malgré les nombreuses conséquences néfastes de la consommation de substances psychotropes, les personnes touchées par la
schizophrénie peuvent tout de même avoir le sentiment que cette
consommation les réconforte d'une certaine manière. Si elles
ne sont pas prêtes à réduire ou à cesser leur consommation ou
disposées à changer leurs habitudes, elles pourraient néanmoins
être disposées à envisager des moyens de réduire les méfaits de
leur consommation de ces substances (p. ex., en contrôlant comment elles les utilisent, où et avec qui). Cette démarche de réduc-
tion des méfaits permet d'engager le dialogue sur la consommation de psychotropes et d'aider les gens à réduire ou à cesser leur
consommation.

La meilleure façon d'aider les personnes aux prises avec la
schizophrénie à cesser de consommer des substances psychotropes
– y compris du tabac – ou à modifier leur consommation est de
prendre en compte la relation entre la schizophrénie et la consommation de psychotropes. Malheureusement, il existe peu de services
spécialisés dans le traitement des troubles concomitants et il n'est
pas souvent facile d'en trouver.

LES TRAUMATISMES

Les traumatismes subis pendant l'enfance, et en particulier les
sévices sexuels, accroissent le risque de schizophrénie chez les personnes présentant d'autres facteurs de risque de la maladie. (Les
facteurs de risque sont décrits au chapitre 2).

La psychose aiguë (p. ex., le fait d'entendre des voix et de se sentir persécuté) et l'hospitalisation résultant de la schizophrénie sont elles-mêmes des expériences traumatisantes.

Le lien entre les traumatismes psychiques et la schizophrénie a besoin d'être éclairci, mais on sait que les effets des traumatismes, et tout particulièrement des traumatismes qui se sont produits tôt dans l'enfance, peuvent entraver le rétablissement. Pour l'évaluation médicale, la planification du rétablissement et tous les aspects des soins, il importe de tenir compte des traumatismes et de leurs répercussions.

LA PAUVRETÉ

La pauvreté accroît le risque de schizophrénie et la schizophrénie accroît le risque de pauvreté, laquelle a des répercussions néfastes sur la santé mentale et physique. Le fait d'avoir un logement convenable, un emploi, un soutien financier et un soutien social peut protéger les personnes aux prises avec la schizophrénie des effets délétères de la pauvreté.

LA STIGMATISATION

Les idées toutes faites, les stéréotypes et les représentations de la schizophrénie entraînent une stigmatisation qui a de profondes répercussions sur la vie des gens aux prises avec la maladie. Ces convictions négatives et sans fondement – à savoir que les personnes touchées par la schizophrénie sont violentes et dangereuses ou qu'elles sont irresponsables et paresseuses – ont un effet néfaste sur l'accès à l'emploi et au logement et isolent les gens du reste de la société. La stigmatisation est principalement le résultat de la conception erronée qu'ont les gens de la schizophrénie. Lorsque les personnes aux prises avec la schizophrénie font l'objet de jugements négatifs et erronés, il arrive qu'elles en viennent à prêter foi à ces jugements. Cela peut les conduire au déscspoir et leur donner un sentiment d'impuissance et une image négative d'elles-mêmes, entravant ainsi le rétablissement.

Il existe plusieurs stratégies pour aider les personnes touchées par la schizophrénie et les familles à faire face à la stigmatisation et à la combattre :

· préparer un plan de rétablissement ;
· nouer des liens avec d'autres personnes aux prises avec la schizophrénie et maintenir les liens familiaux ;
· garder espoir en l'avenir ;
· se renseigner sur la schizophrénie et renseigner les personnes autour de soi ;
· remettre en question les idées négatives sur soi-même ;
· examiner de façon critique la présentation de la schizophrénie par les médias et inciter les gens de son entourage à faire de même ;
· participer à des actions de lutte contre la stigmatisation, dont celles de la Société canadienne de la schizophrénie, de l'Association canadienne pour la santé mentale (ACSM) et de la Commission de la santé mentale du Canada.

La lutte contre la stigmatisation est un bon moyen d'aider les personnes touchées par la schizophrénie à se rétablir.

> *Les gens devraient comprendre que la schizophrénie, ça peut arriver à tout le monde. Contrairement aux humains, la maladie mentale ne fait pas de discrimination.* — Moshe

> *Il y a un refus de regarder les choses en face à cause des préjugés et des idées fausses sur ce que c'est. Les gens ne veulent pas qu'on les voie comme ça. Alors, ils se disent « Non, pas moi ».* — S.

Schizophrénie et violence

VIOLENCE ENVERS AUTRUI

Un mythe très répandu au sujet des gens touchés par la schizophrénie est qu'ils sont violents, alors qu'en réalité, ils sont plus souvent victimes qu'auteurs de violence. Si la personne est sans abri, a une dépendance à une substance psychotrope et ses symptômes sont graves, elle risque davantage d'être victime de violences.

Une association entre la schizophrénie et l'hostilité est possible, mais il est rare que les personnes atteintes de schizophrénie commettent des agressions soudaines et sans raison. Si l'on ne peut prédire avec certitude quelles sont les personnes qui risquent de devenir violentes, on peut citer les facteurs de risque suivants :

· antécédents de violence ;
· usage de substances psychotropes ;
· ne pas suivre de plan de traitement et de rétablissement (p. ex,. ne pas prendre de médicaments) ;
· caractère impulsif (tendance à agir sans penser aux conséquences) ;
· être jeune et de sexe masculin ;
· démêlés passés avec le système de justice pénale.

Il arrive, bien que rarement, que des personnes atteintes de schizophrénie aient des hallucinations auditives qui les incitent à faire du mal à autrui ou des convictions délirantes qui leur imposent de se protéger par la violence. Toutefois, le fait d'avoir de telles hallucinations ou idées délirantes ne signifie pas qu'une personne agira en conséquence. Si vous ou une personne de votre connaissance présentez des symptômes incitant à commettre des actes violents, consultez au plus vite un professionnel de la santé mentale.

SUICIDE

Les tentatives de suicide sont six fois plus nombreuses chez les personnes aux prises avec la schizophrénie que dans la population générale, mais cela ne signifie pas pour autant que toutes les personnes porteuses d'un diagnostic de schizophrénie tentent de mettre fin à leurs jours ou se suicident. Il existe des facteurs de risque particuliers de suicide, notamment :

- antécédents d'idées de suicide ou de tentative de suicide ;
- symptômes positifs (idées délirantes, hallucinations, désorganisation de la pensée, du discours ou du comportement) ;
- présence concomitante de dépression ou de dépendance à une substance psychotrope ;
- ignorance et incompréhension de l'effet de la schizophrénie sur l'état mental ;
- schizophrénie non traitée ou diminution de l'intensité des soins ;
- idées erronées au sujet des médicaments ; défaut de prendre ses médicaments de la manière prescrite ;
- douleur physique ou maladie chronique ;
- désespoir ;
- antécédents familiaux de suicide ;
- isolement social ou manque de soutien extérieur ;
- agitation et impulsivité ;
- traumatisme psychique subi durant l'enfance.

En raison du risque accru de suicide, il faut envisager d'apporter un soutien supplémentaire à une personne aux prises avec la schizophrénie, ainsi que de renforcer son traitement et la vigilance à son égard si :

- elle présente des symptômes psychotiques actifs et intenses ;
- elle est en proie à une dépression profonde ;
- sa maladie est d'apparition récente ;
- elle vient de sortir de l'hôpital.

Les personnes qui ont des idées de suicide peuvent essayer de s'automutiler. Les pensées suicidaires doivent être prises au sérieux et il faut toujours en parler à un professionnel de la santé ou à un thérapeute. En cas d'urgence, composez le 911 ou rendez-vous à l'hôpital le plus proche. Les membres de la famille auront sans doute besoin de soutien eux aussi pour faire face à une telle situation.

2 Les causes de la schizophrénie

On ne sait pas si c'est le cannabis, si c'est le stress, si c'est biologique ou si ça vient d'un traumatisme – tout ça entre en jeu. Il n'y a pas de réponse définitive. Pour moi, c'était le stress, comme je ressentais beaucoup de culpabilité et de honte à cause de la façon dont j'ai mis fin à une relation. J'avais aussi l'impression d'échouer dans d'autres domaines de ma vie. Pour donner un sens à ma vie, je crois avoir créé un fantasme spirituel.
— Moshe

On ne sait pas au juste ce qui cause la schizophrénie, mais comme c'est le cas pour la plupart des autres problèmes de santé mentale, les chercheurs supposent qu'une combinaison de facteurs biologiques et psychosociaux contribueraient à son développement.

Les causes précises de la schizophrénie étant encore méconnues, il n'est pas possible de prédire qui en souffrira. Cependant, on a découvert que certains facteurs augmentaient le risque de schizophrénie et ces facteurs ont donné lieu à deux types de théories.

Les théories biologiques

Selon les théories biologiques sur les causes de la schizophrénie :

· La génétique jouerait un rôle, le risque de schizophrénie étant plus élevé lorsqu'un membre de la famille proche est atteint de la maladie.

· Les symptômes de la schizophrénie résulteraient d'un dérèglement chimique du cerveau (p. ex., perturbation des interactions dopamine-glutamate, deux neurotransmetteurs).

· Des différences structurelles ayant été observées dans le cerveau des personnes touchées par la schizophrénie, il est possible que ces différences soient la cause de la schizophrénie, mais il se pourrait également que la schizophrénie soit à l'origine de ces différences.

· Les recherches actuelles semblent indiquer que des troubles de développement du cerveau durant la période périnatale ainsi que durant l'enfance et l'adolescence pourraient jouer un rôle dans l'étiologie de la schizophrénie. Ces troubles prépareraient le terrain à la schizophrénie, qui se manifeste généralement entre la fin de l'adolescence et le début de l'âge adulte.

Les théories psychosociales

L'importance des facteurs biologiques – le fait d'avoir un membre de la famille atteint de schizophrénie, par exemple – est reconnue depuis longtemps dans la genèse de la maladie. Toutefois, on sait maintenant que celle-ci est plus complexe. Les évènements stressants de la vie et autres facteurs psychosociaux accroissent le risque qu'une personne ayant une vulnérabilité génétique ne développe la maladie. Selon les théories psychosociales sur les causes de la schizophrénie :

· Les personnes qui ont connu des épreuves douloureuses ou un traumatisme, en particulier durant l'enfance (p. ex., sévices sexuels ou séparation prolongée d'avec leurs parents), ont un risque plus élevé de développer une schizophrénie par la suite.

· La consommation de cannabis chez les jeunes accroît le risque de schizophrénie ou de déclenchement précoce de la maladie chez les personnes qui y sont génétiquement prédisposées.

· Le fait d'être né ou d'avoir passé son enfance en milieu urbain plutôt qu'en milieu rural augmente le risque de développer une schizophrénie. (Cela pourrait être dû à des facteurs sociaux tels que l'isolement et le manque d'espace).

· En Ontario, certains groupes d'immigrants et de réfugiés présentent un risque accru de développer des troubles psychotiques, et les recherches effectuées dans le reste du monde commencent à montrer des résultats semblables.

Les interactions de ces facteurs de risque dans l'étiologie de la schizophrénie n'ont pas encore été entièrement élucidées. La présence d'un ou de plusieurs facteurs de risque ne signifie pas que la personne développera une schizophrénie. Il semble donc que la schizophrénie ne soit pas attribuable à un facteur unique, mais qu'elle résulte de facteurs biologiques et psychosociaux aux interactions complexes. Les recherches sur les causes de la maladie se poursuivent et elles pourraient déboucher sur de nouveaux modes de diagnostic et de traitement.

> *J'aimerais que les gens comprennent que ce n'est pas la faute de la personne si elle est malade. Si ça dépendait de moi, je ne choisirais pas d'être malade.* — Anne

3 Les traitements de la schizophrénie

Il y a deux aspects dans le traitement – la prise de médicaments et le reste : les gens, le cadre social, l'introspection et la réflexion, l'établissement d'objectifs... toutes les choses pratiques. Pour moi, les médicaments étaient une nécessité, surtout au début. Il se passait beaucoup de choses dans ma tête et les médicaments m'ont aidé à ralentir le flot de mes pensées. Ça m'a permis de reconstruire ma vie.
— Moshe

Le traitement de la schizophrénie commence souvent par l'administration de médicaments. Les diverses formes de soutien psychosocial – la psychothérapie, les séances d'information sur la maladie et le soutien des pairs, par exemple – favorisent également le rétablissement. Le traitement doit aussi tenir compte des autres problèmes de santé ; il est important de se faire examiner périodiquement par un médecin de famille.

La famille a un rôle important à jouer dans le rétablissement. Le counseling familial aide les personnes atteintes de schizophrénie et les familles à comprendre et à gérer les problèmes liés à la maladie.

Quand on connaît le rôle des médicaments et du soutien offert, on est en mesure d'en discuter avec l'équipe soignante et d'élaborer son propre plan de rétablissement.

L'équipe de traitement

L'équipe de traitement peut comprendre des infirmières, médecins (y compris des psychiatres), travailleurs sociaux, psychologues, pharmaciens, ergothérapeutes, ludothérapeutes, diététiciens, pairs aidants professionnels et conseillers spirituels. Le rôle de l'équipe de traitement est d'aider la personne à élaborer un plan de rétablissement. Une relation de collaboration et de confiance avec les membres de l'équipe est très utile pour recouvrer la santé et s'engager à nouveau dans des activités qui apportent une véritable satisfaction.

Le traitement médicamenteux

Les principaux médicaments employés pour traiter les symptômes de la schizophrénie sont les antipsychotiques. Ils sont souvent associés à des médicaments prescrits pour d'autres symptômes de troubles mentaux : régulateurs de l'humeur (thymorégulateurs), sédatifs et antidépresseurs[1], par exemple, ainsi qu'à des médicaments destinés à soulager les effets secondaires des antipsychotiques.

Les antipsychotiques (anciennement appelés neuroleptiques) sont prescrits pour atténuer ou soulager les symptômes de la psychose, dont les hallucinations et les idées délirantes. Chez les personnes

---

[1] Pour de plus amples renseignements sur ces types de médicaments, voir les brochures de la collection « Comprendre les médicaments psychotropes », publiée par CAMH et affichée en ligne à : www.camh.ca/fr/education/about/camh_publications.

aux prises avec une psychose aiguë, ces médicaments aident à soulager les symptômes et à atténuer ou dissiper la confusion en quelques heures ou en quelques jours, mais il faut parfois compter jusqu' à six semaines pour qu'ils produisent leur plein effet. À plus long terme, les antipsychotiques aident à prévenir d'autres épisodes de psychose.

Bien qu'ils soient utiles à la plupart des personnes atteintes de schizophrénie, les antipsychotiques peuvent avoir de graves effets secondaires. L'objectif du traitement médicamenteux est de soulager les symptômes tout en minimisant les effets secondaires.

COMMENT LES ANTIPSYCHOTIQUES AGISSENT-ILS ?

On croit que la psychose serait en partie causée par un excès de dopamine, une substance chimique synthétisée par le cerveau. Les antipsychotiques agissent en inhibant les effets de la dopamine, ce qui permet de soulager les symptômes positifs de la psychose. Toutefois, ces symptômes ne disparaissent pas toujours complètement et il se peut que la personne continue à entendre des voix et à avoir des idées délirantes, mais elle sera mieux en mesure de discerner ce qui n'est pas du domaine de la réalité et de se concentrer sur son travail, ses études ou sa famille, par exemple.

Il y a des membres de ma famille qui croient que puisque je prends des médicaments, je devrais être cent pour cent normal, ce n'est pas comme ça que ça marche. Les médicaments ne font pas disparaître tous les symptômes. — Moustafa

TYPES D'ANTIPSYCHOTIQUES

Les antipsychotiques sont ordinairement classifiés en deux catégories principales : les antipsychotiques de première génération (également appelés antipsychotiques typiques) et les antipsychotiques plus récents, de deuxième et de troisième générations (antipsychotiques atypiques).

Les antipsychotiques de deuxième génération comptent la clozapine (Clozaril)[2], l'olanzapine (Zyprexa), la quétiapine (Seroquel), la rispéridone (Risperdal), la palipéridone (Invega), la ziprasidone (Zeldox), la lurasidone (Latuda) et l'asénapine (Saphris). L'aripiprazole (Abilify) est un antipsychotique de troisième génération.

Les antipsychotiques de première génération couramment prescrits sont la chlorpromazine, le flupentixol, la fluphénazine, l'halopéridol, la loxapine, la perphénazine, le pimozide, le thiothixène, la trifluopérazine et le zuclopenthixol.

L'efficacité des antipsychotiques typiques (plus anciens) et atypiques (plus récents) est semblable, mais aucun médicament ou type de médicament ne produit les mêmes résultats pour tout le monde. Il faut parfois essayer plusieurs antipsychotiques avant de découvrir celui qui convient le mieux.

La clozapine donne souvent de bons résultats, même là où d'autres médicaments ont échoué. Néanmoins, on ne la prescrit pas en

---

2 Les médicaments sont désignés de deux façons : par leur nom générique et par leur nom de marque ou nom commercial. Les marques de commerce que l'on trouve au Canada figurent entre parenthèses. Les médicaments plus anciens sont généralement désignés par leur nom générique.

première intention, car la prise de clozapine exige la surveillance de la numération des globules blancs (leucocytes).

QUEL EST LE MODE D'ADMINISTRATION DES ANTIPSYCHOTIQUES ?

La plupart des antipsychotiques se présentent sous forme de comprimés, mais il en existe aussi en gouttes et en solutions injectables. Les solutions injectables à libération prolongée s'administrent à intervalles allant d'une fois par semaine à une fois par mois.

Le traitement débute par une faible dose et la personne fait l'objet d'une surveillance étroite visant à déceler tout effet secondaire.

La consommation de substances psychotropes, y compris l'alcool et le tabac, pendant la prise d'antipsychotiques risque d'interférer avec le traitement et d'exacerber les symptômes.

EFFETS SECONDAIRES

Il arrive de n'éprouver aucun effet secondaire, mais lorsqu'il s'en produit, ils peuvent se manifester dans les heures, les jours ou les semaines qui suivent le début du traitement. Les effets secondaires varient en fonction des médicaments et des personnes qui les prennent. Les plus courants sont la fatigue, la sédation, les étourdissements, la sécheresse buccale, la vision trouble et la constipation. Si ces effets secondaires sont désagréables, la plupart ne sont pas graves et s'atténuent avec le temps.

Il y a des personnes qui s'accommodent des effets secondaires en échange du soulagement que ces médicaments peuvent leur apporter, mais les personnes qui les trouvent très pénibles devraient parler à leur médecin, qui leur prescrira peut-être une dose plus faible, un médicament d'appoint pour réduire les effets secondaires ou bien un autre médicament.

Si des effets secondaires tolérables vous dérangent, continuez à prendre votre médicament tel que prescrit et parlez-en à votre médecin au plus vite. Si vous éprouvez des effets secondaires intolérables, rendez-vous à l'urgence la plus proche.

Le traitement antipsychotique comporte un risque d'effets secondaires graves pouvant affecter la santé physique. Lors des visites de suivi régulières, le médecin s'assure donc qu'il n'y a pas de signes des effets secondaires énumérés ci-dessous. S'il y en a, il ajustera le traitement. La plupart des effets secondaires peuvent être minimisés avec d'autres médicaments, mais Il est parfois utile de changer de médicament. Surtout, signalez bien à votre médecin tous les effets secondaires que vous ressentez.

Perturbation des mouvements

Il arrive que les antipsychotiques engendrent des tremblements, de la raideur musculaire et des tics. D'ordinaire, plus la dose est élevée, plus ces effets sont prononcés. Le risque de perturbation des mouvements (ou risque d'effets extrapyramidaux) est plus faible avec les médicaments de seconde génération qu'avec les antipsychotiques typiques. D'autres médicaments (p. ex., la benztropine [Cogentin]) peuvent être prescrits pour gérer ces effets extrapyramidaux.

Étourdissements

Des étourdissements peuvent survenir, surtout quand la personne passe de la position assise ou allongée à la station debout, en raison d'une baisse passagère de la tension artérielle. Pour prévenir les étourdissements, il est conseillé de se lever lentement.

Arythmies cardiaques

Certains médicaments peuvent causer des arythmies, c'est-à-dire des troubles du rythme cardiaque (battements trop rapides, trop lents ou irréguliers). Les arythmies cardiaques accroissent le risque de maladie cardiovasculaire.

Gain de poids

Le lien entre la prise d'antipsychotiques et le gain de poids – qui indique un ralentissement du métabolisme – n'a pas encore été entièrement élucidé, mais quelle qu'en soit la cause, la prise de poids augmente le risque de diabète et de maladies cardiovasculaires. Une alimentation saine et un régime d'exercice régulier aident à limiter la prise de poids.

Diabète

La schizophrénie est un facteur de risque de diabète et les antipsychotiques peuvent accroître ce risque.

Agitation et sédation

Les antipsychotiques provoquent parfois de la tension nerveuse et de l'agitation motrice, qui fait que les personnes affectées sont incapables de rester tranquillement assises. Cet effet secondaire, appelé acathisie, pourrait être confondu avec une aggravation de la maladie. Les antipsychotiques peuvent aussi avoir l'effet contraire et provoquer sédation et fatigue. Il arrive aussi que la tension nerveuse s'accompagne de fatigue.

Dyskinésie tardive

La dyskinésie tardive (DT) est un trouble qui entraîne des mouvements involontaires répétés de la langue, des lèvres, de la mâchoire ou des doigts. Le risque de DT est plus élevé avec les antipsychotiques de première génération, mais il n'est pas nul avec les antipsychotiques atypiques. Heureusement, il existe des moyens de dépister la DT à un stade précoce, ce qui permet de modifier rapidement le traitement et de réduire le risque que ce problème ne persiste ou ne s'aggrave.

Dérèglement hormonal et effets secondaires sexuels

Certains antipsychotiques peuvent affecter la libido et entraîner d'autres problèmes sexuels, des changements menstruels et un écoulement anormal de lait (tant chez les hommes que chez les femmes).

Syndrome malin des neuroleptiques

Cette complication est rare, mais elle est grave. Elle se manifeste par de la fièvre, de la raideur musculaire et un état confusionnel aigu (p. ex., désorientation). Cette affection potentiellement fatale nécessite un traitement immédiat.

> *Il arrive que les médecins ne veuillent pas changer les médicaments s'ils ont l'impression qu'on est dans un état stable, mais parfois, ça vaut la peine d'essayer de trouver le médicament qui convient plutôt que de s'en tenir au statu quo. J'avais des tas d'effets secondaires : gain de poids, rigidité musculaire et mouvements musculaires causés par la dyskinésie. Ce n'était pas drôle. Le changement de médicament a été une bonne chose. J'avais besoin de trouver le bon médicament et j'en ai essayé plusieurs. Je savais ce que je ressentais. [...] Les gens doivent plaider leur propre cause. — S.*

PENDANT COMBIEN DE TEMPS DOIT-ON PRENDRE DES ANTIPSYCHOTIQUES ?

Il est conseillé de continuer à prendre des antipsychotiques même après que les symptômes ont été maîtrisés. Quand on cesse de prendre ses médicaments trop tôt, il y a un grand risque que les symptômes réapparaissent, même plusieurs mois après.

En continuant à prendre ses médicaments, on réduit le risque de rechute ou bien l'intensité des symptômes en cas de rechute. La prévention des rechutes favorise le rétablissement et a un effet positif sur le cours de la maladie. Demandez à votre médecin pendant combien de temps vous devrez continuer à prendre des médicaments.

> *Si je ne prends pas mes médicaments pendant deux ou trois mois, je fais un autre épisode et je me retrouve à l'hôpital. C'est pour ça que je les prends religieusement. Il faudra que je prenne des médicaments pour le reste de ma vie et je me suis fait à cette idée. Quand je n'en prends pas, je perds tout contrôle.* — Moustafa

QUEL EST LE COÛT DES MÉDICAMENTS ?

Le coût varie selon les types de médicaments. Il est couvert en partie ou en totalité pour les personnes admissibles à un régime provincial d'assurance médicaments et pour les personnes qui bénéficient d'un régime d'assurance médicaments par le truchement de leur employeur ou d'un membre de leur famille. Certains étudiants bénéficient d'une assurance médicaments offerte par leur collège ou leur université.

À titre d'exemple, le Programme de médicaments de l'Ontario est offert :
· aux personnes qui bénéficient de l'aide sociale (Programme Ontario au travail) ;
· aux personnes handicapées (Programme de soutien aux personnes handicapées) ;
· aux personnes à faibles revenus (Programme de médicaments Trillium) ;
· aux personnes âgées de 24 ans et moins ou de 65 ans et plus.

L'électroconvulsivothérapie

Lorsque les symptômes de la schizophrénie ne sont pas soulagés par les médicaments ou que la personne aux prises avec la schizophrénie est très déprimée, il se peut que l'électroconvulsivothérapie soit recommandée.

L'ECT telle qu'elle se pratique aujourd'hui est bien différente des électrochocs que montrent les vieux films. À présent, les patients reçoivent un relaxant musculaire et le traitement est administré sous anesthésie générale. Un léger courant électrique est appliqué d'un côté du crâne ou de part et d'autre et l'on n'observe quasiment pas de mouvement chez la personne traitée. La cure consiste en plusieurs séances, généralement à raison de trois par semaine. La décision concernant le nombre total de séances et leur fréquence est prise en consultation avec le médecin.

Il arrive qu'au réveil de l'anesthésie, les patients traités par ECT éprouvent des maux de tête, des douleurs à la mâchoire ou d'autres effets secondaires. L'administration d'un médicament antidouleur, tel l'acétaminophène (Tylenol), suffit généralement à les soulager. Une certaine perte de la mémoire récente ou des problèmes de concentration surviennent habituellement pendant la cure, mais ces symptômes se dissipent en quelques semaines après la fin du traitement.

La stimulation magnétique transcrânienne

La stimulation magnétique transcrânienne (SMT) est une nouvelle forme de traitement qui consiste à appliquer des impulsions magnétiques au cerveau pour stimuler les cellules nerveuses. Ce traitement est appliqué en sus des médicaments. Les chercheurs continuent d'en explorer l'efficacité.

Les traitements psychosociaux et le soutien psychosocial

Les traitements psychosociaux et le soutien psychosocial aident les gens à établir des objectifs et à les atteindre (p. ex., meilleure prise en charge des soins personnels, poursuite des études, recherche d'un [meilleur] emploi) et à acquérir d'autres habiletés favorables au rétablissement. Le choix des traitements et du soutien dépend des besoins de chacun et des services existants.

PSYCHOÉDUCATION

La psychoéducation fournit des informations sur la façon de composer avec des troubles mentaux particuliers : comment atténuer les symptômes et les effets secondaires des médicaments et prévenir les rechutes, par exemple. Elle fournit également des informations sur le parcours de rétablissement, notamment sur la manière de maintenir un sentiment de bien-être et d'acquérir des compétences de gestion du stress et de résolution des problèmes. La psychoéducation peut être offerte individuellement ou en groupe et elle peut être adaptée à l'intention des membres de la famille et amis des personnes atteintes de maladie mentale.

PSYCHOTHÉRAPIES

Il existe aujourd'hui plusieurs thérapies psychosociales efficaces pour la schizophrénie, offertes en séances individuelles ou de groupe, en complément du traitement médicamenteux. La thérapie de groupe permet d'apprendre comment d'autres gens vivent la maladie et ce qui aide à briser l'isolement et favorise le rétablissement. Parlez de vos besoins aux fournisseurs de services pour déterminer le type de thérapie qui vous conviendrait le mieux.

Thérapie cognitivo-comportementale pour la psychose

La façon dont on envisage une situation influe sur le ressenti et la façon d'agir. La thérapie cognitivo-comportementale pour la psychose (TCC-p) explore le lien entre les pensées, les sentiments et les comportements d'une part, et la façon dont on vit les symptômes de la schizophrénie. La TCC-p aide à mieux gérer les symptômes et le stress, à mesurer l'impact de la maladie sur sa vie et à reconnaître les effets de l'alcool et d'autres substances psychotropes sur les symptômes. La TCC-p a même le pouvoir d'atténuer les symptômes et de prévenir la rechute.

Entraînement cognitif adaptatif

Les personnes atteintes de schizophrénie peuvent présenter des symptômes cognitifs qui affectent leur mémoire et leur capacité de concentration, d'attention et de résolution des problèmes. En raison de ces symptômes, elles ont du mal à se souvenir de prendre leurs médicaments, à s'occuper de leurs soins personnels et à pourvoir aux autres nécessités de la vie quotidienne. L'entraînement cognitif adaptatif (ECA) fait appel à des moyens personnalisés, notamment pancartes et listes de contrôle, pour aider les gens à accomplir les gestes de la vie quotidienne. Les cliniciens dispensant un ECA aident leurs clients à :

· prendre conscience des obstacles qui les empêchent d'atteindre leurs objectifs de vie ;
· organiser leur domicile ;
· établir de nouvelles habitudes de vie et s'y tenir ;
· employer divers types de messages de rappel.

Le but de l'entraînement est d'aider les personnes touchées par la schizophrénie à vivre de façon plus autonome et à vivre la vie qu'elles souhaitent.

Traitement des troubles concomitants

Les troubles de santé mentale et les problèmes de dépendance sont souvent étroitement liés et ils s'influencent mutuellement. C'est pourquoi le traitement de ces troubles est plus efficace lorsqu'il aborde les deux problèmes de front. Il existe diverses stratégies pour traiter les troubles concomitants : counseling, pédagogie sur l'impact de la consommation des substances psychotropes sur les symptômes, gestion des médicaments, gestion du stress et prévention de la rechute. Le traitement peut aussi inclure un soutien en matière de logement et d'emploi.

Thérapie familiale et soutien

Pour les personnes aux prises avec la schizophrénie, le soutien de la famille est capital. De leur côté, les membres de la famille sont souvent soumis à un stress important et ils ont du mal à fournir un soutien à leur proche tout en prenant soin d'eux-mêmes. Le counseling individuel et familial, les ateliers de psychoéducation et les groupes de soutien aident les familles à élaborer des stratégies d'adaptation et à acquérir des habiletés de communication leur permettant de mieux soutenir leur proche sans négliger de prendre soin d'eux-mêmes. (Voir le chapitre 6 pour de plus amples renseignements sur le soutien aux familles).

Le soutien des pairs

Les pairs aidants professionnels sont des personnes qui ont vécu un problème de santé mentale et qui sont formées pour offrir un soutien fondé sur l'empathie. Étant eux-mêmes passés par une phase de rétablissement, ils sont bien placés pour aider les gens à planifier la leur et à en franchir les différentes étapes. Le soutien, qui met l'accent sur les ressources de la personne plutôt que sur sa maladie, est centré sur l'autonomisation personnelle, la défense de ses droits et le sentiment d'espoir. Les pairs aidants professionnels sont des membres importants de l'équipe soignante. Leur soutien peut être offert individuellement ou en groupe.

Les approches complémentaires

Certains choisissent de recourir à des méthodes parallèles en complément du traitement conventionnel : phytothérapie, acupuncture, homéopathie, naturopathie, médecine ayurvédique (médecine traditionnelle de l'Inde), prise de compléments alimentaires et de vitamines, yoga et méditation. Aucune de ces méthodes n'a cependant été testée pour les symptômes de la schizophrénie. Informez-vous auprès de votre équipe soignante au sujet des thérapies complémentaires ou parallèles que vous suivez ou que vous envisagez de suivre, en particulier la phytothérapie ou la prise de vitamines, car elles pourraient altérer l'efficacité de vos médicaments.

Les soins médicaux, l'activité physique et le régime alimentaire

Il y a des mesures importantes que l'on peut prendre pour gérer ses problèmes de santé et maintenir une santé physique optimale :
· consulter périodiquement son médecin de famille ou un spécialiste ;
· pratiquer une activité physique régulière ;
· se nourrir sainement.

L'activité physique a un effet positif sur la santé physique et mentale. Choisissez une activité que vous aimez et adaptez-la à votre condition physique, ainsi qu'aux effets secondaires que vous pourriez ressentir, le cas échéant. Une saine alimentation aide à gérer les problèmes de santé souvent associés à la schizophrénie. Demandez à votre médecin de famille, un diététicien ou un autre fournisseur de traitement de vous aider à planifier votre régime alimentaire et votre programme d'exercice.

4 Hospitalisation, soutien intensif et soutien communautaire

Avec le soutien et les médicaments appropriés, on peut éviter que la schizophrénie n'interrompe les activités habituelles d'une personne ou tout au moins qu'elle ne les interrompe pas outre mesure. Néanmoins, il se peut qu'un bref séjour à l'hôpital soit nécessaire durant une phase active de la maladie. Le but de l'hospitalisation est de fournir le traitement dont la personne a besoin pour recouvrer sa santé mentale et reprendre ses activités le plus rapidement possible.

Durant le séjour à l'hôpital, la famille peut jouer un rôle important en aidant la personne et l'équipe soignante à planifier le congé de l'hôpital et ce qui suivra, notamment en prévoyant un soutien intensif et en se renseignant sur les services locaux, au cas où la personne aurait besoin de ces soutiens pour pouvoir se réadapter.

L'hospitalisation

Les personnes touchées par la schizophrénie ont parfois besoin d'être hospitalisées, notamment si elles sont agressives ou suicidaires ou si elles négligent leurs besoins les plus élémentaires.

HOSPITALISATION VOLONTAIRE ET HOSPITALISATION EN CURE OBLIGATOIRE

L'adjectif *volontaire* signifie que la personne :
- accepte d'être hospitalisée ;
- et qu'elle est libre de quitter l'hôpital à tout moment.

La loi permet également à tout médecin de faire hospitaliser une personne contre son gré, c'est-à-dire même si la personne est persuadée qu'elle n'a pas besoin d'aide et qu'elle refuse d'aller à l'hôpital. Cela peut se produire si le médecin, après avoir examiné l'état de la personne, estime :
- qu'il existe un risque important qu'elle ne se blesse ;
- qu'il existe un risque important qu'elle ne blesse quelqu'un d'autre ;
- qu'elle n'est pas en mesure de prendre soin d'elle-même.

Si la personne n'a consulté aucun médecin, la famille peut demander à un juge de paix (un officier de justice) d'ordonner une évaluation psychiatrique, en lui fournissant la preuve que la maladie de la personne représente un danger pour elle-même ou pour autrui. Il est parfois nécessaire de faire appel à la police pour conduire quelqu'un à l'hôpital.

La loi protège les droits des personnes qui sont admises en cure obligatoire. Elle prévoit notamment la visite d'un conseiller en matière de droits humains, qui a pour rôle de veiller à ce que la personne puisse contester le bien-fondé de son hospitalisation devant un comité indépendant composé d'avocats, de médecins et de membres du public.

Pour des renseignements concernant la *Loi sur la santé mentale* de l'Ontario et les droits des patients dans la province, consultez le site Web du Bureau de l'intervention en faveur des patients des établissements psychiatriques à www.sse.gov.on.ca/mohltc/ppao.

TRAITEMENT HOSPITALIER

La durée de séjour à l'hôpital va généralement de quelques jours à plusieurs semaines. Durant cette période, des objectifs de traitement et de rétablissement sont définis, ainsi que des plans permettant d'atteindre ces objectifs.

À l'hôpital, les patients participent à des programmes éducatifs et thérapeutiques de groupe, et ils ont des rencontres individuelles avec des médecins, infirmières et autres professionnels. Les programmes et services offerts varient selon les besoins et la collectivité. Pendant le séjour, il se peut que les médicaments de la personne soient remplacés par d'autres ou que leurs doses soient modifiées. Il se peut aussi qu'on demande à la famille de rencontrer des médecins, travailleurs sociaux ou d'autres membres du personnel.

La planification du congé commence aussitôt que possible. Les patients peuvent s'attendre à quitter l'hôpital une fois leurs symptômes suffisamment atténués pour qu'ils puissent prendre soin d'eux-mêmes chez eux et une fois le traitement de maintien établi et le soutien organisé.

Le soutien intensif dans la collectivité

En Ontario, ce soutien est fourni par des équipes de suivi intensif dans le milieu (SIM) et des services de gestion de cas intensive (GCI), qui collaborent étroitement avec les personnes touchées par la schizophrénie pour établir des plans de rétablissement adaptés, qui leur fournissent une assistance et qui coordonnent les services nécessaires à l'atteinte de leurs objectifs personnels. Les objectifs de chaque personne sont différents, mais il pourrait s'agir de l'amélioration des conditions de logement, de la gestion de la santé physique (p. ex., perte de poids et traitement du diabète), du renforcement de la capacité d'adaptation, de la gestion des problèmes de dépendance, de l'établissement de relations sociales positives et du retour aux études ou au travail. Un soutien intensif peut également être fourni par le biais d'une ordonnance de traitement en milieu communautaire (OTMC).

ÉQUIPES DE SUIVI INTENSIF DANS LE MILIEU

Ces équipes aident les personnes aux prises avec la schizophrénie dans leur vie quotidienne. D'ordinaire, les équipes de SIM sont rattachées à un hôpital ou gérées par un organisme communautaire rattaché à un hôpital voisin. Une équipe de SIM peut être composée des personnes suivantes : psychiatre, pair aidant professionnel, infirmière autorisée, travailleur social, ergothérapeute, spécialiste des dépendances et conseiller d'orientation professionnelle.

Les équipes de SIM fournissent un soutien intensif et coordonnent les services nécessaires aux personnes présentant des problèmes de santé mentale graves et persistants. Il s'agit habituellement de personnes qui ont été hospitalisées à plusieurs reprises et qui ont besoin d'un soutien intensif pour pouvoir vivre dans la collectivité. Les membres des équipes de SIM rencontrent généralement les clients plusieurs fois par semaine, que ce soit à leur domicile, dans le cabinet de leur médecin de famille ou dans un centre communautaire. Les équipes de SIM visent à fournir des services continus sur de longues périodes.

Les patients qui ont besoin de soutien pour vivre dans la collectivité et qui répondent à certains critères peuvent être aiguillés vers une équipe de SIM par leur équipe soignante. Le bureau de l'Association canadienne pour la santé mentale (ACSM) ou d'autres organismes de santé mentale peuvent vous renseigner sur les équipes de SIM qui se trouvent à proximité de chez vous. Les équipes de SIM existent surtout dans les grandes villes.

SERVICES DE GESTION DE CAS INTENSIVE

Les services de GCI fournissent un soutien semblable à celui qui est offert par les équipes de SIM, à la différence qu'au lieu d'être fourni par une équipe, le soutien est généralement fourni par un seul gestionnaire de cas (p. ex., une infirmière, un travailleur social ou un ergothérapeute). Les gestionnaires de cas rencontrent périodiquement leurs clients et aident à coordonner les soins et les services.

ORDONNANCE DE TRAITEMENT EN MILIEU COMMUNAUTAIRE

L'OTMC est une entente officielle passée entre un médecin et une personne atteinte d'une maladie mentale grave ou son mandataire spécial[1]. L'OTMC est destinée aux personnes qui ont été hospitalisées à plusieurs reprises et qui ont bénéficié du traitement, mais qui ne poursuivent pas leur traitement après avoir quitté l'hôpital. L'OTMC établit des conditions pour la prestation de services permettant à la personne de recevoir des soins et du soutien dans la collectivité plutôt que dans un hôpital. Si vous êtes mandataire spécial et que vous croyez que la personne pourrait bénéficier d'une OTMC, parlez-en à son équipe soignante.

Le soutien communautaire

Des programmes peuvent être offerts pour aider les personnes aux prises avec la schizophrénie à vivre dans leur milieu habituel. Les types de services offerts varient selon la localité, mais il pourrait s'agir de services financiers, de services de logement, de formation, d'emploi ou de soutien social. La Société canadienne de la

---

[1] Lorsqu'un médecin détermine qu'une personne est incapable de prendre des décisions relativement à ses soins, un membre de sa famille (ou un tuteur ou curateur public) peut être nommé comme mandataire spécial.

schizophrénie et l'Association canadienne pour la santé mentale (ACSM) tiennent des inventaires des programmes locaux (p. ex., soutien par les pairs ou programmes d'utilisateurs de services ou de survivants, centres de halte-accueil ou groupes de soutien). L'équipe soignante peut également aider les gens à se mettre en contact avec les services de soutien dont ils ont besoin.

Le soutien communautaire peut prendre diverses formes, depuis les groupes de soutien donnant aux personnes ayant des expériences de vie semblables l'occasion de se rencontrer et de se soutenir mutuellement jusqu'aux endroits où se rendre en cas de crise. Ci-dessous figurent des renseignements sur quelques types de soutien communautaire.

PROGRAMMES D'UTILISATEURS DE SERVICES OU DE SURVIVANTS

Les gens qui ont recours aux services de santé mentale choisissent parfois de s'identifier en tant qu'« utilisateurs de services ou survivants » (utilisateurs de services de santé mentale et ayant survécu des troubles mentaux ou le système de santé mentale, selon leur expérience).

Les programmes d'utilisateurs de services et de survivants sont gérés par et pour des personnes qui ont ou ont eu affaire au système de soins de santé mentale. Ces programmes constituent une solution de rechange aux soins de santé mentale fournis par les hôpitaux ou les organismes communautaires de santé mentale. Ils offrent des séances éducatives, de l'information et du soutien. Nombre d'entre eux offrent aussi l'occasion de rencontrer des gens ainsi que des possibilités récréatives et des possibilités d'emploi dans des entreprises dirigées par des usagers ou survivants de services.

MAISONS-CLUBS

Il s'agit de centres communautaires pour les personnes aux prises avec des problèmes de santé mentale. Les membres, étroitement supervisés par leurs pairs et le personnel de soutien, acquièrent les compétences nécessaires à la gestion des activités quotidiennes de ces maisons-clubs. Ils préparent les repas, tissent des liens sociaux, créent des bulletins d'information, font un suivi de la participation des membres, etc. Les maisons-clubs aident également les membres à se trouver un emploi. Elles diffèrent des services de santé mentale habituels en ceci que les utilisateurs de services et survivants s'associent au personnel pour gérer les maisons, plutôt que d'être de simples usagers passifs de services.

PROGRAMMES D'AIDE À L'EMPLOI ET D'AIDE AUX ÉTUDES

Les programmes d'assistance emploi aident à réaliser l'objectif de retour au travail. Ils aident les gens à rebâtir leurs compétences, à développer leur confiance en eux et à trouver un emploi correspondant à leurs aptitudes et à leurs besoins. Ces programmes offrent divers services, dont l'évaluation, l'orientation professionnelle, les tests d'aptitude, l'enseignement de compétences en matière de recherche d'emploi et la formation en cours d'emploi.

Les programmes d'aide aux études aident les gens à reprendre les études en leur offrant une formation en classe et en les aidant à acquérir les compétences nécessaires. Ces programmes, généralement offerts par les collèges communautaires, associent des cours de mise à niveau à des cours pratiques destinés à renforcer l'assurance des participants et à leur apprendre à mieux communiquer et à mieux gérer le stress.

Les programmes de formation professionnelle sont offerts par les collèges communautaires et les universités, ainsi que dans le cadre des programmes de rattrapage de niveau secondaire, dans les bibliothèques et dans les centres communautaires. Ces programmes développent des compétences particulières (p. ex., formation informatique) de façon à augmenter les chances de trouver un emploi.

CENTRES DE JOUR

Les centres de jour offrent des programmes récréatifs et des occasions de rencontres plutôt que des services d'aide à l'emploi. Certains ont un horaire prédéterminé pour les activités de loisir, les repas et les séances d'information. Ces centres, où l'on peut se reposer et rencontrer des amis, sont généralement ouverts à tous. Ils mettent des téléphones et des ordinateurs à la disposition des usagers et l'on peut y prendre une douche ou y faire sa lessive. De nombreux centres de jour peuvent aider les gens à trouver d'autres soutiens communautaires.

GROUPES DE SOUTIEN

Les groupes d'entraide (aussi appelés groupes de soutien entre pairs) sont composés de personnes qui font face aux mêmes types de difficultés. Les groupes d'entraide en santé mentale, habituellement dirigés par des personnes ayant vécu un trouble mental, sont ouverts à tous, de sorte qu'on peut s'y joindre ou les quitter en tout temps. Les membres du groupe se réunissent pour donner et recevoir du soutien et échanger des stratégies d'adaptation et de résolution de problèmes ainsi que d'autres informations. Les groupes de soutien donnent aux membres un sentiment d'appartenance en leur offrant la possibilité de parler de leurs expériences à des gens qui comprennent ce qu'ils vivent.

5 Rétablissement et prévention de la rechute

Le rétablissement, pour moi, c'est de ne pas m'imposer de limites... me dire que je peux accomplir des choses. Pour moi, ce qui a vraiment été utile, ça a été de me fixer des objectifs. J'aime établir des listes de possibilités. Ça aide à se replonger dans la vie. — S.

Qu'est-ce que le rétablissement ?

La pratique de la psychiatrie a évolué au cours des années, tout comme la façon de considérer les gens qui reçoivent des services de santé mentale. Auparavant, on croyait que la schizophrénie était une maladie chronique qui allait en s'aggravant et qu'il fallait s'occuper des personnes touchées par la maladie pour le reste de leur vie et ce, souvent en institution. Il n'en est plus ainsi.

À la fin des années 1980, une nouvelle manière d'envisager le rétablissement s'est fait jour – un changement dû aux nouveaux résultats de la recherche et au mouvement de défense des droits des personnes aux prises avec la schizophrénie. Le rétablissement n'est plus perçu comme l'absence totale de symptômes, mais comme un parcours durant lequel les personnes reprennent peu à peu le contrôle de leur vie et s'efforcent de lui redonner un sens. Les personnes touchées par la schizophrénie peuvent à présent s'attendre à prendre une part active à la planification de leur traitement et à la prise des décisions concernant leur vie. Elles peuvent s'attendre à vivre dans la collectivité et à mener une vie satisfaisante.

Cette notion du rétablissement comme parcours est à présent un des principes directeurs de la pratique actuelle des soins de santé mentale.

Le parcours de rétablissement

Le rétablissement est souvent décrit comme un périple. Il ne s'agit pas d'une ligne droite vers le bien-être, mais d'un cheminement semé d'embûches, de détours et d'accidents de parcours, avec des moments où tout se passe sans heurt. Le parcours de rétablissement de chaque personne est unique.

Les cinq principales composantes du rétablissement énumérées ci-dessous ont été définies à partir de récits personnels. Le rétablissement peut être perçu comme une progression vers ces objectifs de rétablissement plutôt que comme l'absence de symptômes (l'acronyme VIVRA est formé de la première lettre de chacun de ces objectifs).

· **Vie pleine de sens** : se sentir utile et avoir des expériences, des objectifs et des valeurs qui donnent un sens à la vie – que ce soit au travers de la spiritualité, du travail, des études ou des relations humaines.
· **Image positive de soi-même** : garder confiance en soi, en dépit de la stigmatisation.
· **Volonté de se rétablir** : être optimiste et avoir foi en l'avenir, dans la réalisation de ses aspirations et de ses rêves, avoir l'intime conviction que le rétablissement est possible et avoir la

motivation nécessaire pour y parvenir.

· **Relations humaines :** avoir des relations étroites avec des gens sur qui on peut compter, avoir le soutien de pairs et avoir un sentiment d'appartenance à l'égard de la collectivité.

· **Autonomisation :** reconnaître ses points forts et reprendre le contrôle de sa vie en assumant les responsabilités connexes (Leamy et coll., 2011).

> *Si une personne ne représente un danger ni pour elle-même ni pour autrui, alors, qui suis-je pour décider de ce qui est bon pour elle ? Dans cette optique, le rétablissement peut prendre un sens différent pour chacun. C'est à chacun de décider.* — Moshe

Promotion du mieux-être et prévention de la rechute

Toute personne atteinte d'une maladie grave doit porter attention à sa santé, trouver des stratégies pour la maintenir et se préparer à une éventuelle rechute (le retour des symptômes actifs). Les stratégies suivantes peuvent aider à promouvoir le mieux-être chez les personnes atteintes de schizophrénie et à maintenir cet état :

· **Renseignez-vous à fond sur la schizophrénie.** Informez-vous sur les symptômes, les traitements offerts et leurs résultats. Détermi-nez quel est le traitement qui vous convient ; la plupart des gens optent pour un traitement médicamenteux avec une forme ou une autre de soutien. Les sites Web et autres ressources figurant en page 78 offrent des informations sur divers sujets liés à la schizophrénie. Pensez également à demander à votre fournisseur de services de vous recommander des ouvrages, des groupes de soutien ou des cours qui pourraient vous intéresser.

· **Entretenez les relations qui comptent dans votre vie pour éviter de vous isoler.** Nous avons tous besoin de gens qui nous connaissent bien et qui se soucient de nous, mais les personnes aux prises avec la schizophrénie éprouvent parfois des symptômes qui les amènent à se replier sur elles-mêmes. Il importe d'entretenir des liens solides et d'avoir un cercle d'amis. En plus du plaisir que vous procure la compagnie de vos amis, ils peuvent aussi vous faire savoir s'ils remarquent, dans votre comportement, des changements qui pourraient être des signes avant-coureurs de rechute. Vous pourriez envisager de vous joindre à un groupe culturel, spirituel, religieux ou à tout autre groupe d'affinités, selon ce qui vous intéresse.

· **Cultivez un mode de vie sain et actif.** L'une des meilleures façons de prendre soin de soi est de prendre des repas réguliers et d'avoir une alimentation saine et équilibrée. Une autre façon de prendre soin de soi est d'être actif : courez, faites de la marche ou de la danse, allez au gymnase ou pratiquez un sport. Trouvez une activité que vous aimez et qui vous fasse bouger. Demandez à votre équipe soignante de vous aider à bien vous nourrir – en vous mettant en contact avec une diététicienne ou des services ou programmes qui vous permettent de vous nourrir gratuitement ou à faible coût (p. ex., banques d'alimentation, repas gratuits ou cuisines collectives) – et de vous aider à trouver une activité physique qui soit gratuite ou peu onéreuse.

· **Ayez de bonnes habitudes de sommeil.** Si vous avez l'impression de ne pas dormir suffisamment ou de trop dormir, demandez à votre psychiatre, votre médecin de famille ou votre gestionnaire de cas de vous indiquer des ressources éducatives sur le sommeil et de vous proposer des traitements pour améliorer la qualité de votre sommeil.

· **Si vous prenez des substances psychotropes, réduisez votre consommation ou cessez d'en consommer.** Pensez au rôle que l'alcool et les drogues jouent dans votre vie et à la façon dont ils affectent votre santé mentale et physique et vos relations sociales. La consommation de substances psychotropes nuit à l'atteinte des objectifs de rétablissement ainsi qu'à l'atteinte d'un mieux-être. Demandez à votre équipe soignante de vous aider à résoudre les problèmes liés à la consommation de psychotropes.

· **Contribuez à l'établissement d'un plan de traitement médicamenteux qui vous convienne.** Pour les personnes touchées par la schizophrénie, le maintien du mieux-être et l'atteinte des objectifs de rétablissement peuvent exiger de prendre des médicaments sur de longues périodes. Collaborez avec votre médecin pour trouver la plus faible dose de médicament permettant de maîtriser vos symptômes avec un minimum d'effets secondaires. Il pourrait s'agir d'une collaboration continue, car les besoins ont tendance à changer avec le temps. Prenez vos médicaments tels que prescrits et donnez à votre médecin toutes les informations dont il a besoin pour faire les ajustements nécessaires.

· **Établissez un plan de mieux-être.** Un plan personnel de maintien de la santé est très utile dans le cadre du plan de rétablissement. Pour établir votre plan de mieux-être, voici ce que vous pourriez faire :
  - Vous inscrire à un groupe *d'intervention individualisée de rétablissement* (groupe WRAP ou Wellness Recovery Action Plan, en anglais). Les groupes WRAP sont animés par un pair, ce qui signifie que l'animateur, tout comme les membres, a vécu des troubles mentaux. Il est formé pour aider les membres du groupe à élaborer un plan de mieux-être individuel, qui peut comprendre une liste d'outils pour l'atteinte du mieux-être, une liste de signes avant-coureurs et de signes de rechute, un plan pour la vie quotidienne et un plan d'urgence.

- Collaborer avec les membres de votre équipe soignante : médecin de famille, psychiatre, pair aidant professionnel, travailleur social ou autres. Ces personnes peuvent vous aider à établir votre plan de mieux-être, en vous parlant du rôle des médicaments et de l'intérêt de traitements pour des symptômes particuliers, par exemple.
- Établir des directives pour parer à une crise éventuelle. Ces directives préalables, que l'on communique à l'équipe soignante quand on va bien, font état des préférences en matière de traitement en cas d'urgence. Adressez-vous à l'un des membres de votre équipe soignante au sujet de l'établissement de telles directives.

> *J'ai participé au Plan d'intervention individualisée de rétablissement [WRAP, N.d.T.], et maintenant j'anime ce programme. Il est basé sur cinq notions essentielles à propos du rétablissement, dont l'une est le soutien. Il y a aussi l'espoir, la connaissance de la maladie, la responsabilité personnelle et la défense de ses droits. C'est impossible de se rétablir sans avoir du soutien.* — Moshe

Aspects pratiques du rétablissement

QUE DOIS-JE RÉVÉLER AU JUSTE AU SUJET DE MON DIAGNOSTIC À MES AMIS, À MA FAMILLE ET À MON ENTOURAGE ?

C'est à vous qu'il appartient de décider de ce que vous allez divulguer ou non à vos amis, à votre famille, et à votre entourage à propos de votre état de santé. Si vous avez du mal à expliquer ce qu'est la schizophrénie ou si vous ne savez pas quoi dire, vous pouvez leur indiquer ce livret ou des ressources en ligne (une liste de sites Web figure en page 78).

EST-CE QUE JE SERAI EN MESURE DE TRAVAILLER OU DE FAIRE DES ÉTUDES ?

Il est possible que vous soyez en mesure de le faire, mais la schizophrénie affecte la façon de penser, de comprendre les informations et de les traiter, de sorte qu'il vous faudra peut-être interrompre votre travail ou vos études. Il faut du temps pour s'adapter à un nouveau traitement et vous devrez peut-être acquérir de nouvelles compétences ou stratégies pour gérer des tâches dont vous vous acquittiez auparavant sans difficulté. Si vos symptômes entraînent une interruption de votre travail ou de vos études, vous pourriez obtenir de l'aide auprès des services d'accessibilité offerts par votre établissement d'enseignement ou des services de santé au travail offerts par votre employeur. Un ergothérapeute peut vous aider à découvrir vos points forts et à élaborer des stratégies pour faire face aux difficultés que vous éprouvez, afin que vous puissiez effectuer correctement votre travail ou réussir dans vos études.

Si vous recevez un soutien du revenu par le truchement de l'aide sociale, si vous touchez des prestations d'invalidité (p. ex., celles du Programme ontarien de soutien aux personnes handicapées) ou si vous avez pris un long congé de maladie et que vous souhaitiez retourner au travail ou reprendre vos études, il existe toutes sortes de ressources et de programmes pour vous aider. Vous pouvez accéder à la plupart des programmes en communiquant avec une personne du programme d'aide sociale, en vous rendant dans un organisme local de soutien à l'emploi ou en parlant à une personne de votre équipe soignante.

Pour des renseignements sur l'aide à l'emploi et aux études et d'autres types de soutien communautaire pour les personnes atteintes de schizophrénie, veuillez vous reporter au chapitre 4.

Les gens me demandent « Est-ce qu'elle travaille ? »,
« Est-ce qu'elle va à l'école ? ». J'avais les mêmes attentes.
Je pensais : « des médicaments bon, parfait, alors,
maintenant, elle peut reprendre ses études, hein ? »
Eh bien, non. On croit qu'une fois qu'on a trouvé le
médicament qui convient, tout va être réglé. On com-
mence à avoir des attentes. Mais il faut revoir ses
attentes. — Gilda

J'estime qu'il est possible de vivre une vie satisfaisante
malgré la schizophrénie ; de garder espoir. Il est tou-
jours possible d'accomplir des choses. Ce n'est pas comme
si le monde s'arrêtait de tourner. — S.

6 Soutien pour la famille et les amis

Je me dis toujours que tout ira bien pour elle. Je ne crois pas que ce soit de l'aveuglement. J'estime que c'est une bonne chose d'être positif... de ne jamais perdre espoir. — Gilda

Quand une personne reçoit un diagnostic de schizophrénie, les membres de sa famille[1] et ses amis peuvent passer par toutes sortes d'émotions : impression de perte, sentiment de culpabilité, désarroi, peur, accablement ou colère ; il arrive même d'éprouver tous ces sentiments en même temps. C'est tout à fait normal. En outre, le manque de connaissances sur la schizophrénie et les mythes véhiculés par les médias au sujet de la maladie amplifient ces émotions douloureuses. En se renseignant sur la maladie et les traitements possibles, ainsi que sur la façon de soutenir son proche et de prendre soin de lui sans négliger ses propres besoins, on contribue à créer une attitude positive chez tous les intéressés.

Les effets de la schizophrénie varient selon les personnes et la phase de la maladie. L'efficacité des traitements est elle aussi variable. Certaines personnes atteintes de schizophrénie ont

---

1 Dans le présent chapitre, les termes se rapportant à la famille s'appliquent aussi aux amis.

besoin d'un soutien continu pour vivre dans la collectivité, tandis que d'autres parviennent à retourner au travail et à assumer de nouveau leurs responsabilités, retrouvant ainsi une autonomie complète. Le fait de bénéficier du soutien et de la considération de sa famille et de ses amis peut faire une grande différence dans la qualité de vie des personnes touchées par la schizophrénie et les aider à atteindre leurs objectifs de rétablissement.

La personne atteinte de schizophrénie continue d'avoir des points forts, des talents et des capacités, même si les symptômes de la maladie peuvent les masquer. Une personne peut avoir besoin de suivre un traitement pour maîtriser ses symptômes et elle peut aussi avoir besoin de soutien, mais elle reste essentiellement la même, avec ses espoirs et ses projets d'avenir.

Confidentialité et autres questions d'ordre juridique

Les membres de la famille ont besoin d'avoir une connaissance de base des lois qui protègent les droits des personnes aux prises avec la maladie mentale. À titre d'exemple :

· Les lois sur la protection des renseignements personnels empêchent les équipes soignantes de révéler les renseignements sur la santé d'un patient adulte à toute personne extérieure à l'équipe, y compris aux membres de sa famille, à moins que le patient n'y consente.
· Les patients ont le droit de refuser le traitement.

Il existe des exceptions à ces règles :
· Si une personne risque de se faire du mal ou d'en faire à autrui, elle peut être hospitalisée sous contrainte pendant trois jours.
· Si un médecin détermine qu'une personne est incapable de

prendre des décisions concernant ses propres soins, un membre de sa famille (ou un tuteur ou curateur public) peut être nommé comme mandataire spécial.

Les lois protégeant les droits des malades mentaux varient selon les provinces ou territoires. Pour des renseignements à ce sujet, communiquez avec le médecin de votre proche ou renseignez-vous auprès de la section locale de l'ACSM ou de la Société canadienne de schizophrénie.

Questions fréquentes

EST-CE QUE MON PROCHE POURRA MENER UNE VIE PRODUCTIVE ET HEUREUSE ?

Avec un traitement et du soutien, les personnes atteintes de schizophrénie peuvent mener une vie productive et heureuse. Cependant, il faut du temps pour se rétablir et la maladie a pour effet de limiter les activités d'une personne. Les personnes porteuses d'un diagnostic de schizophrénie, comme de toute autre maladie d'ailleurs, se rétablissent mieux lorsqu'on leur en donne le temps. En réduisant le stress auquel votre proche est soumis, notamment en augmentant très graduellement ses responsabilités quotidiennes, vous contribuerez à réduire le risque d'apparition d'une nouvelle phase active de la maladie. Votre patience, votre compréhension et votre soutien aideront votre proche à atteindre son plein potentiel.

QUE DEVRAIS-JE DIRE À MES AMIS ET AUX MEMBRES DE MA FAMILLE ?

Tout dépend de vous et des souhaits exprimés par votre proche. Vous n'êtes pas obligé de parler d'aspects de la maladie qui vous mettent mal à l'aise. Saisissez toutes les occasions d'informer vos amis et les membres de votre famille sur la schizophrénie et ses effets sur les personnes touchées. Faites-leur connaître ce guide, ainsi que les ressources énumérées à la page 78, et proposez-leur de leur parler de la maladie. En aidant les gens de votre entourage à se faire une meilleure idée de l'expérience de votre proche, vous éveillerez leur compassion et vous pourrez peut-être aussi les amener à se joindre au réseau de soutien de votre proche. Plus ce réseau est vaste, mieux cela vaut pour toutes les personnes concernées.

QUEL EST LE SOUTIEN OFFERT AUX FAMILLES ?

Tout diagnostic de maladie grave touchant un membre de la famille engendre du stress, mais la stigmatisation qui est souvent associée à un diagnostic de maladie mentale peut faire hésiter les gens à chercher du soutien. Si vous ou votre proche ne vous sentez pas prêt à parler de la maladie avec vos amis ou les autres membres de votre famille, il existe de nombreux organismes communautaires qui offrent du soutien et des services de counseling confidentiels. Les groupes de soutien et d'information à l'intention des familles sont particulièrement recommandés si votre proche traverse une phase initiale aiguë de la maladie. Pour des renseignements sur le soutien offert à proximité de chez vous, parlez à l'équipe soignante de votre proche ou communiquez avec votre section locale de la Société canadienne de la schizophrénie ou de l'ACSM, dont les coordonnées sont indiquées en page 78.

QUE DOIS-JE FAIRE SI MON PROCHE REFUSE LE DIAGNOSTIC DE SCHIZOPHRÉNIE ?

La schizophrénie affecte les pensées, les émotions et le comportement et il arrive même qu'elle affecte la capacité d'une personne à comprendre qu'elle est malade. C'est une situation difficile pour les familles qui veulent que leur proche se fasse soigner, et c'est difficile aussi pour la personne affectée, à qui l'on demande de se faire soigner alors qu'elle n'en voit pas la nécessité.

Quand on essaie d'aider un proche à mieux comprendre sa maladie, on ne peut pas s'attendre à des résultats instantanés. Faites preuve de patience et encouragez votre proche à parler de ce qu'il ressent. S'il se montre réticent à parler de sa maladie, abordez la question en parlant d'un domaine de sa vie affecté par la maladie et demandez-lui ce que vous pourriez faire pour l'aider. Les familles qui ont vécu cette situation disent qu'au lieu d'essayer de prouver au proche qu'il a tort, il est préférable de commencer par trouver un terrain d'entente. Beaucoup de personnes touchées par la schizophrénie apprennent à connaître leur maladie, mais pas toutes.

Si votre proche semble se débattre avec des symptômes de schizophré-nie, mais qu'il ne soit pas sous traitement, le simple fait de lui faire savoir que ses symptômes se soignent pourrait suffire à le décider à consulter un médecin. Il faut parfois pas mal de temps pour se faire à l'idée qu'on a une maladie qui doit être prise en charge tout au long de la vie, et il y a même des personnes qui traversent plusieurs épisodes de la maladie avant d'accepter définitivement l'aide que peuvent leur apporter médecins et thérapeutes.

Ce n'est pas facile d'observer une personne malade et de se retenir d'essayer de la convaincre de prendre ses médicaments ou de parler à son médecin. Pourtant, les tentatives de persuasion répétées peuvent mener à de violentes disputes et à des épreuves de force. Si vous êtes très proche d'une personne aux prises avec la schizophrénie et que vous avez l'impression que si vous lui disiez que vous sentez que quelque chose ne va pas, elle le prendrait très mal, il pourrait être préférable de demander à une personne de confiance de lui parler.

Si vous avez la permission de votre proche de communiquer des renseignements à son équipe soignante ou si vous êtes son mandataire spécial, collaborez avec l'équipe soignante afin d'aider votre proche à mieux comprendre la maladie et le rétablissement.

> *À titre de pair aidant professionnel, j'ai appris que les gens sont tous à des étapes différentes de leur rétablissement. Le parcours de chaque personne est unique, tout comme la personne elle-même. Ce qui marche pour une personne peut ne pas marcher pour une autre. En écoutant la personne pour découvrir le type de soutien qu'elle souhaite, on peut faire une grosse différence et établir une relation de confiance permettant à la personne de se réaliser.* — Moshe

QUE PUIS-JE FAIRE POUR AIDER MON PROCHE À SORTIR DE SON ISOLEMENT ?

Certaines personnes aux prises avec la schizophrénie s'isolent parce que la maladie leur ôte toute motivation, alors que pour d'autres, l'isolement provient de la paranoïa et de la peur qu'on veuille leur faire du mal. Quelle qu'en soit la raison, il est inquiétant de voir un proche s'isoler de la sorte. Dites à votre proche ce que vous ressentez face à cette situation et demandez-lui ce que vous pourriez faire pour l'aider à sortir de son isolement.

Une vie réglée, avec un horaire bien établi et des activités motivantes, peut contribuer à briser l'isolement et renforcer la motivation. Pensez à ce qu'aime votre proche : les animaux (chiens, chats, etc.), les sports, écouter ou jouer de la musique... et organisez des activités centrées autour de ces intérêts. La participation à des programmes locaux, le bénévolat (dans des musées ou des lieux de spectacles) ou le soutien à des pairs aux prises avec la schizophrénie peuvent être particulièrement bénéfiques.

L'équipe soignante pourrait être en mesure de vous aider. Si vous êtes autorisé par votre proche à communiquer des renseignements à son équipe soignante ou si vous remplissez le rôle de mandataire spécial, demandez à l'équipe de vous aider à comprendre pourquoi votre proche s'isole et de vous suggérer des idées pour qu'il cesse de se renfermer à la maison. Si votre proche est aux prises avec la paranoïa, l'équipe soignante devrait pouvoir vous suggérer des moyens de soulager sa détresse et éviter les éléments déclencheurs.

> *Il devrait y avoir un groupe de soutien pour aider les*
> *parents à mieux défendre les intérêts de leurs enfants.*
> — Gilda

QUE FAIRE SI MON PROCHE EST DÉPRIMÉ ET PARLE DE SE SUICIDER ?

Certaines personnes aux prises avec la schizophrénie se sentent déprimées et indignes d'être aimées, et elles sombrent dans le désespoir. Il arrive même que cela les conduise à attenter à leurs jours.

Les gens qui envisagent le suicide affichent habituellement des signes de leur intention, et quand on sait les reconnaître, on est mieux préparé à agir rapidement et efficacement en temps de crise. Ci-dessous figure une liste de signes à surveiller.

Liste partielle de comportements qui pourraient être observés chez une personne qui songe au suicide :
· changement soudain d'humeur ou de comportement ;
· sentiment de désespoir et d'impuissance ;
· désir exprimé de mourir ou d'en finir avec la vie ;
· consommation accrue de substances psychotropes ;
· désengagement à l'égard des personnes et activités qui comptaient dans sa vie ;
· changement des habitudes de sommeil ;

· perte d'appétit ;
· dons d'objets auxquels elle attache du prix ou préparatifs en vue
de sa mort (p. ex., rédaction d'un testament).

Ces signes ne doivent pas être pris à la légère. N'ayez pas peur de
demander à votre proche s'il songe au suicide et d'avoir une conver-
sation avec lui à propos de ce qu'il ressent ; encouragez-le à parler
de ses idées de suicide avec son médecin ou un professionnel de
la santé mentale. Si vous avez besoin d'une aide immédiate et que
vous ne puissiez pas en obtenir, amenez votre proche à l'urgence
de l'hôpital où il a déjà reçu un traitement ou à l'hôpital général ou
psychiatrique le plus proche. En cas d'urgence, composez le 911.

QUE POURRAIS-JE FAIRE POUR VENIR EN AIDE À MON PROCHE EN CAS DE CRISE ?

Il est plus facile de faire face à une crise quand s'y est préparé. La
communication étant difficile lorsqu'une personne est en crise,
profitez d'un moment où votre proche est stable pour lui demander
quel réconfort et quelle forme de soutien lui seraient les plus utiles
en cas de crise. Élaborez avec lui un plan de sécurité afin de parer
à toute éventualité ; cela contribuera à réduire le stress pour toutes
les personnes concernées. Si vous avez la permission de communiquer avec l'équipe soignante de votre proche, demandez-lui de vous
aider à établir votre plan.

En cas de crise, amenez le membre de votre famille à l'hôpital. S'il
vous faut du soutien supplémentaire, il se pourrait que vous ayez accès à des équipes mobiles d'intervention d'urgence en composant le
911 et en demandant du soutien pour une urgence de santé mentale.
Si ce n'est pas le cas, vous pourrez tout de même obtenir du soutien
pour conduire votre proche à l'hôpital le plus proche.

Les conseils suivants peuvent vous aider à éviter ou à désamorcer une crise :

· N'essayez pas de contrer les idées délirantes.
· Créez une atmosphère sereine qui donne à votre proche un sentiment de sécurité.
· Réduisez les distractions trop stimulantes (p. ex., télévision, radio, certains types de musique et jeux sur ordinateur).
· Ne criez pas, ne critiquez pas votre proche et veillez à ne pas l'offenser.
· Suggérez à votre proche des activités ou des distractions dont il vous a dit qu'elles lui faisaient du bien (p. ex., certains types de musique, exercices de respiration, dessin).
· Donnez à votre proche suffisamment d'espace physique.
· Parlez lentement et clairement, avec des phrases simples.
· Invitez votre proche à s'asseoir et à vous parler de ce qui le dérange[1].

Comment soutenir votre proche

Le fait, pour votre proche, d'avoir de la famille et des amis sur qui il puisse compter contribue à sa qualité de vie, l'empêche de s'isoler et l'aide à s'engager sur le parcours de rétablissement. Voici quelques façons d'offrir votre soutien :

· **Communiquez ouvertement et fréquemment avec votre proche.** Pour faire en sorte que la discussion ait lieu et qu'elle soit fructueuse, choisissez un moment qui convienne à toutes les personnes concernées et où tout le monde soit détendu. Définissez clairement vos attentes : lorsque les membres de la famille savent ce qu'ils attendent les uns des autres, le risque de stress

---

1 Adapté de l'ouvrage *Apprendre à connaître la schizophrénie : une lueur d'espoir. Manuel de référence pour les familles et les aidants naturels* avec l'aimable autorisation de la Société canadienne de schizophrénie (4ᵉ éd. rév.). Winnipeg, Manitoba, 2012.

et de conflits est minimisé. Assurez-vous que tout le monde comprenne bien le point de vue de votre proche touché par la schizophrénie et ait son mot à dire.

· **Essayez de ne pas vous montrer trop émotif et évitez les critiques acerbes.** Les personnes aux prises avec la schizophrénie ont tendance à être très affectées par l'intensité des émotions que suscitent les interactions, surtout lorsqu'elles sont négatives et qu'elles contiennent des reproches. C'est le cas pour beaucoup de gens, mais chez les personnes touchées par la schizophrénie, cela peut engendrer une détresse considérable.

· **Aidez votre proche à avoir foi en l'avenir.** Mettez l'accent sur ses points forts et ses objectifs plutôt que sur la maladie. Déterminez les facteurs susceptibles de prévenir une rechute. Voici quelques exemples de facteurs de protection pour votre proche :
- bénéficier d'un solide soutien familial et communautaire ;
- limiter sa consommation de drogues et d'alcool ;
- dormir en quantité suffisante ;
- réduire le stress ;
- prendre ses médicaments de la manière prescrite.
Avec votre proche, essayez de déterminer ces facteurs de protection le plus tôt possible et aidez-le à les maintenir. Encouragez-le à se fixer des objectifs pour l'avenir et à les atteindre.

· **Assurez-vous que votre proche se sente aimé, soutenu, respecté et valorisé.** Comme tout un chacun, les personnes aux prises avec la schizophrénie ont besoin de se sentir acceptées telles qu'elles sont. Évitez de ne parler que de traitement et de rétablissement à votre proche, mais veillez aussi à ce qu'il sache que vous êtes là pour l'aider à se rétablir.

· **Assistez aux rendez-vous avec l'équipe soignante.** Si votre proche vous a autorisé à communiquer des renseignements à l'équipe soignante ou si vous êtes son mandataire spécial, vous pouvez fournir des renseignements utiles à cette équipe au sujet des symptômes de votre proche et de la façon dont ils se sont développés, ainsi que des informations sur sa vie et ses centres d'intérêt avant le début de la maladie. Vous pouvez également vous renseigner plus avant auprès de l'équipe sur la nature de la maladie et les options de traitement. Vous et votre proche pouvez aussi dresser un plan de rétablissement avec la collaboration de l'équipe.

· **Aidez votre proche à se contacter les services locaux.** Si votre proche a besoin d'un traitement, de services de gestion de cas ou d'autres formes de soutien, aidez-le à contacter les services locaux. Pour les coordonnées des services d'aiguillage et des organismes de santé mentale, reportez-vous à la page 78. Les médecins de famille peuvent aussi vous aider à trouver des services de santé mentale et des services d'aiguillage.

· **Remettez la stigmatisation en question.** Les campagnes de sensibilisation à l'intention du grand public, qui encouragent les gens à parler ouvertement de la santé mentale contribuent à dissiper les mythes sur la schizophrénie, mais il reste encore beaucoup de gens qui sont mal informés sur la maladie. Les médias continuent de dépeindre les personnes aux prises avec la schizophrénie de manière trompeuse – souvent en les présentant comme violentes, alors que les statistiques montrent que ces personnes sont plus souvent victimes qu'auteures de violence. Essayez d'éviter que la stigmatisation ne vous plonge, vous et votre proche, dans l'isolement, car cela aurait un effet néfaste sur son parcours de rétablissement. Informez-vous sur la maladie et informez votre proche et les gens de votre entourage. Remettez la stigmatisation en question chaque fois que vous la rencontrez. Vous aiderez ainsi votre proche et les autres personnes aux prises avec la maladie.

· **Incitez votre proche à prendre soin de sa personne et à avoir un mode de vie sain et actif.** Il arrive que les symptômes négatifs de la schizophrénie affectent la capacité d'une personne à prendre soin de son hygiène corporelle et de ses autres besoins élémentaires en matière de santé. Si une bonne hygiène corporelle est une priorité manifeste, il se pourrait que la démarche holistique – qui intègre les aspects émotionnel, spirituel et physique de la santé – soit la meilleure manière d'amener votre proche à bien prendre soin de lui-même. Une bonne façon d'amener votre proche à prendre soin de sa santé consiste à l'initier à faire de l'exercice, à se livrer à des activités créatrices et à recourir à d'autres stratégies d'adaptation. Une consommation problématique de substances psychotropes peut déclencher des symptômes qui empêcheront la personne de bien prendre soin d'elle-même. En aidant votre proche à obtenir le soutien nécessaire pour réduire ou arrêter sa consommation, vous pouvez l'aider à améliorer sa santé générale et son hygiène corporelle. Ne vous attendez pas à des résultats instantanés en matière de santé et sachez que le rythme des progrès varie selon les personnes.

· **Veillez à ce que votre proche prenne ses médicaments de la façon prescrite.** Les médicaments sont prescrits pour gérer les symptômes et prévenir de nouveaux épisodes aigus de la maladie. Malheureusement, les personnes aux prises avec la schizophrénie ont tendance à oublier de les prendre régulièrement. Avec votre proche, établissez un plan pour faciliter la prise régulière de ses médicaments et prenez une part active à ce plan. Aidez aussi votre proche à prendre note des effets secondaires éventuels des médicaments ainsi que des symptômes que les médicaments n'ont pas soulagés, afin que ces problèmes puissent être signalés au médecin qui a établi l'ordonnance.

Prendre soin de vous-même

Il est stressant d'apporter son soutien à un proche pendant qu'il se rétablit, et ça prend du temps. Vous avez vous aussi besoin de soutien. Comme l'indique la consigne donnée dans les avions, on est mieux à même d'aider son proche et les autres membres de sa famille quand on a d'abord « mis son masque à oxygène ».

Voici quelques façons de prendre soin de vous pour mieux prendre soin de votre proche :

· **Participez à un groupe de soutien.** Les familles dont un membre est aux prises avec la schizophrénie connaissent souvent la peur, le désarroi et l'affliction ; elles se sentent isolées et éprouvent un sentiment de perte. Il est rassurant et bénéfique d'être avec des personnes compréhensives, qui pensent de la même manière et qui vivent des émotions semblables.

· **Renseignez-vous sur la maladie.** Apprenez tout ce que vous pouvez sur la schizophrénie, surtout aux premiers stades du traitement. Cela vous aidera à prendre soin de votre proche ainsi qu'à obtenir le soutien dont vous avez besoin. Plus vous serez informé sur la maladie de votre proche, mieux vous saurez vous orienter dans le système de soins et contribuer au rétablissement de votre proche. Une meilleure connaissance de la maladie vous aidera aussi à comprendre ce qu'implique le fait d'avoir un membre de votre famille aux prises avec la schizophrénie. Fait tout aussi important : le fait d'être bien informé vous permettra d'être plus à l'aise pour parler de la maladie et expliquer aux gens ce qu'ils peuvent faire pour vous aider, votre proche et vous-même.

· **Prenez conscience de votre stress et apprenez à le gérer.** Quand on prend soin d'un proche pour favoriser son rétablissement, on doit aussi prendre le temps de se ressourcer. Cela aide à prévenir l'épuisement physique et émotionnel.

· **Consultez un conseiller.** Le counseling professionnel, avec ou sans votre proche, peut vous apporter le soutien dont vous avez besoin en vous donnant l'occasion d'exprimer des pensées et des sentiments dont vous n'avez peut-être pas envie de faire part à votre entourage – et d'avoir une oreille attentive. Le counseling peut également vous aider à améliorer vos capacités d'adaptation et de communication, à composer avec la dépression, la peur, l'anxiété et le chagrin et à trouver un mieux-être. Il se peut que vous puissiez obtenir des services de counseling par l'entremise de votre employeur, s'il offre un programme d'aide aux employés (PAE) ou auprès d'un hôpital général, d'une clinique de santé mentale ou d'un organisme de santé mentale. Vous pouvez aussi faire appel aux services d'un conseiller ou d'un psychothérapeute exerçant en cabinet privé, mais vous aurez alors à vous acquitter des honoraires, s'ils ne sont pas couverts par le programme d'avantages sociaux de votre employeur.

· **Prenez soin de vous.** On a tous besoin de prendre soin de soi, surtout lorsqu'on traverse une période difficile ou stressante. Ne négligez pas vos besoins physiques, émotionnels, sociaux et spirituels.

· **Établissez des limites.** Il est tout aussi important d'établir des limites que de fournir un soutien inconditionnel. À titre d'aidant, vous devez faire connaître vos propres besoins et vous ménager du temps rien que pour vous. Il est essentiel, pour le bien-être et la sérénité des membres de la famille, d'avoir une définition claire des comportements inacceptables. En imposant des limites bien définies, vous créez, pour votre proche, un cadre précis, sécurisé et sans surprises.

Il ne faut pas essayer de se charger de tout. On n'a pas besoin de tout prendre sur ses épaules. On croit que c'est ce qu'on doit faire, mais ce n'est pas une mauvaise chose de se distancer un peu. — Gilda

Comment collaborer avec les professionnels de la santé mentale

Si votre proche vous a autorisé à participer aux soins qui lui sont prodigués ou si vous êtes son mandataire spécial, voici des conseils sur la façon de collaborer avec les professionnels de la santé mentale[2] :

- Prenez tout en note (p. ex., noms, numéros de téléphone, dates des réunions, questions).
- Demandez à rencontrer l'équipe soignante : communiquez avec le travailleur social de l'unité ou le gestionnaire de cas du service ambulatoire. Dans la mesure du possible, faites participer le membre de votre famille à ces réunions.
- En cas de problèmes, adressez-vous au personnel. Si vous ne recevez pas de réponse satisfaisante, communiquez avec le gestionnaire de l'unité hospitalière ou le coordonnateur des relations avec la patientèle. Demandez au personnel de l'unité de soins de vous fournir leurs coordonnées.
- Communiquez vos observations sur les progrès de votre proche. Il pourrait s'agir des effets secondaires engendrés par ses médicaments, de ses antécédents médicaux ou sociaux et de tout autre renseignement susceptible d'expliquer la manière dont il fait face à la maladie.
- Si vous devez laisser un message téléphonique à un membre de

---

2 D'après Baker, Sabrina, et Lisa Martens. *Promouvoir le rétablissement à la suite d'un premier épisode psychotique : Guide à l'intention des familles.* Toronto, CAMH, 2010, p. 37.

l'équipe soignante, laissez-lui votre nom et votre numéro de téléphone avec un message bref indiquant la raison de votre appel (p. ex., questions pertinentes ou préoccupation particulière).

· Respectez les souhaits exprimés par votre proche (p. ex., la fréquence à laquelle vous pouvez communiquer avec son équipe soignante).

· Si vous ne comprenez pas ce qu'on vous dit, ne soyez pas gêné et demandez des éclaircissements.

7 Comment expliquer la schizophrénie aux enfants

Il n'est pas facile d'expliquer la schizophrénie et d'autres maladies mentales aux enfants. Il arrive que les parents s'abstiennent de dire aux enfants qu'un membre de la famille a reçu un diagnostic de schizophrénie, parce qu'ils ne savent pas comment le leur expliquer ou parce qu'ils croient que les enfants ne comprendront pas. Soucieux de protéger leurs enfants, certains parents s'efforcent de maintenir les habitudes familiales comme si de rien n'était.

Cette stratégie est difficile à maintenir à long terme et elle crée de la confusion dans l'esprit des enfants qui essaient de comprendre ce qui ne va pas chez leur proche. Les enfants ont une bonne intuition et ils remarquent vite tout changement au sein de leur famille. Si l'atmosphère familiale semble indiquer qu'il ne faut pas en parler, ils tireront leurs propres conclusions, souvent erronées. Les parents doivent donc éviter de dissimuler la schizophrénie de leur proche.

Les jeunes enfants, en particulier ceux qui vont à l'école maternelle ou primaire, ont souvent une perception égocentrique du monde. Par conséquent, quand des événements inhabituels et bouleversants surviennent, qu'il se produit des changements fâcheux dans la famille, ou que des personnes affichent des comportements inhabituels, ils présument qu'ils en sont responsables. Si, par exemple, un enfant désobéit à un de ses parents et s'attire des ennuis, et que le lendemain le mère manifeste des signes de détresse ou qu'elle se comporte de façon étrange, l'enfant croira que c'est lui qui a provoqué la maladie.

Pour expliquer la schizophrénie aux enfants, il est important de ne leur donner que les informations correspondant à ce qu'ils peuvent comprendre en fonction de leur degré de maturité ou de leur âge. Avec les tout-petits et les enfants d'âge préscolaire, il est préférable de se limiter à des phrases courtes et simples, sans trop d'explications scientifiques. Les enfants d'âge scolaire assimilent mieux l'information, mais ils risquent de se sentir dépassés par les détails sur les médicaments et les thérapies. Quant aux adolescents, ils comprennent pratiquement tout et ils ont souvent besoin de parler de ce qu'ils observent et de ce qu'ils ressentent. Ils pourraient se poser des questions sur la prédisposition héréditaire et se demander s'ils risquent de contracter la maladie eux-mêmes. Ils pourraient aussi avoir des inquiétudes à propos de la stigmatisation de la maladie mentale. En leur fournissant des informations, vous amorcez le dialogue.

Il y a trois choses principales qu'il est utile de dire à un enfant lorsqu'on aborde le sujet de la schizophrénie :

· **Expliquez à l'enfant que si sa mère, son père ou un autre membre de la famille se comporte ainsi, c'est parce qu'elle ou il est malade.** Il est plus facile pour les enfants de comprendre ce qu'est la schizophrénie lorsqu'on la leur présente comme une maladie. Voici ce que vous pourriez dire : « La schizophrénie est une maladie comme le rhume, mais elle ne s'attrape pas et au lieu de donner le nez qui coule, elle affecte la façon dont les gens voient et entendent ce qui se passe autour d'eux et leur façon de penser. Par exemple, il arrive que les gens qui ont la schizophrénie entendent des voix que personne d'autre n'entend, qu'ils aient des idées bizarres et qu'ils croient à des choses qui ne sont pas vraies. Quand on a la schizophrénie, il faut beaucoup de temps pour aller mieux et les gens avec la schizophrénie ont besoin d'être soignés par un médecin ou un psychothérapeute ».

· **Rassurez l'enfant en lui disant que ce n'est pas sa faute si sa mère, son père ou un autre membre de la famille a « attrapé » cette maladie.** L'enfant a besoin de savoir que ce n'est pas son comportement qui a déclenché la maladie.

· **Rassurez l'enfant en lui disant que les adultes de la famille, des médecins et d'autres personnes encore s'occupent de la personne touchée.** C'est aux adultes qu'il appartient de prendre soin du membre de la famille aux prises avec la schizophrénie. Les enfants ne devraient pas avoir à s'en soucier. Les enfants ont besoin d'être protégés – par leurs parents et d'autres adultes de confiance – et ils devraient avoir la possibilité de parler de ce qu'ils voient et de ce qu'ils ressentent avec quelqu'un qui sait combien il est difficile de faire face aux symptômes de la schizophrénie. Les changements qui se produisent chez un être cher en raison de la schizophrénie sont souvent effrayants pour les enfants et ils regrettent les bons moments qu'ils passaient avec la personne malade.

La participation à des activités à l'extérieur du foyer est bénéfique aux enfants, car elle les expose à des relations normales. À mesure que la personne aux prises avec la schizophrénie se rétablira, elle reprendra graduellement sa participation aux activités familiales, ce qui contribuera à améliorer sa relation avec les enfants de la famille.

Si le proche atteint de schizophrénie est la mère ou le père de famille, cette personne et l'autre parent devraient parler aux enfants de la possibilité d'expliquer la schizophrénie à des personnes extérieures à la famille. Tout le monde a besoin du soutien de ses amis, mais la schizophrénie étant difficile à expliquer et certaines familles s'inquiétant de la stigmatisation associée à la maladie mentale, les membres de la famille devront décider de ce qu'ils souhaitent communiquer ou pas au sujet de leur situation.

De nombreux parents aux prises avec la schizophrénie sont capables d'avoir des relations normales et aimantes avec leurs enfants, et cette attitude à l'égard des enfants vaut aussi pour les autres membres de la famille. Néanmoins, il y aura sans doute des moments où ils seront moins patients et plus facilement irritables qu'à l'accoutumée, car ils ont du mal à tolérer les activités turbulentes et les jeux bruyants qui font partie du quotidien des enfants. Pour éviter que la personne touchée par la schizophrénie ne soit exposée à des situations susceptibles d'aggraver ses symptômes, la famille devra peut-être planifier les journées de manière à lui ménager des moments de calme et de repos dans un lieu à l'écart ou bien prévoir des moments où les enfants joueront à l'extérieur du foyer.

Une fois que le proche atteint de schizophrénie ira mieux, il sera bon qu'il explique son comportement aux enfants et qu'il planifie des moments privilégiés avec eux afin de resserrer les liens qui les unissent et de leur faire savoir qu'il sera davantage présent dans leur vie.

Pour plus de renseignements sur la façon de parler aux enfants des troubles psychotiques tels que la schizophrénie, consultez le dépliant *Ce que les enfants veulent savoir lorsqu'un de leur parents a vécu une psychose*, publié par le Centre de toxicomanie et de santé mentale et dont on peut télécharger une version PDF à partir du site www.camh.ca/fr/education/about/camh_publications.

Référence

LEAMY, Mary, BIRD, Victoria, LE BOUTILLIER, Claire, WILLIAMS, Julie, et Mike SLADE. « Conceptual framework for personal recovery in mental health: Systematic review and narrative synthesis », *British Journal of Psychiatry, no 199,* vol. 6, 2011, p. 445-452.

Ressources

SITES WEB

AMI-Québec : Agir contre la maladie mentale
https://amiquebec.org/francais

Association canadienne pour la santé mentale
https://cmha.ca/fr

Bureau de l'intervention en faveur des patients des établissements psychiatriques (BIPEP)
www.sse.gov.on.ca/mohltc/ppao

Centre de toxicomanie et de santé mentale
www.camh.ca/fr

Commission de la santé mentale du Canada
www.mentalhealthcommission.ca/Francais

Ligne d'aide sur la santé mentale (Ontario)
www.mentalhealthhelpline.ca/Accueil/Index

Portico. Réseau canadien axé sur la santé mentale et le traitement de la toxicomanie
www.porticonetwork.ca

Société québécoise de la schizophrénie
www.schizophrenie.qc.ca

En anglais

The International Hearing Voices Network
www.intervoiceonline.org

Peerzone
www.peerzone.info

Rethink Mental Illness
www.rethink.org

Wellness Recovery Action Plan (WRAP)
http://mentalhealthrecovery.com

World Fellowship for Schizophrenia and Allied Disorders (WFSAD)
http://world-schizophrenia.org

PUBLICATIONS

BAKER, Sabrina, et Lisa MARTENS. *Promouvoir le rétablissement à la suite d'un premier épisode psychotique : Guide à l'intention des familles*, Toronto, Centre de toxicomanie et de santé mentale, 2010

CENTRE DE TOXICOMANIE ET DE SANTÉ MENTALE. *Comprendre les médicaments psychotropes*, [collection en ligne], www.camh.ca/fr/education/about/camh_publications

FRANK, Nicolas. *La schizophrénie : La reconnaître et la soigner*, Paris, Éditions Odile Jacob, 2017.

ROUSSELET, Anne-Victoire. *Mieux vivre avec la schizophrénie*, 2ᵉ éd., Malakoff, Dunod, 2017.

Autres titres de la série de guides d'information

La dépression

La psychose chez les femmes

La thérapie cognitivo-comportementale

La toxicomanie

Le double diagnostic

Le premier épisode psychotique

Le système ontarien de services psychiatriques médico-légaux

Le trouble bipolaire

Le trouble de la personnalité limite

Le trouble obsessionnel-compulsif

Les troubles anxieux

Les femmes, la violence et le traitement des traumatismes

Les troubles concomitants de toxicomanie et de santé mentale

Pour commander ces guides d'information et d'autres publications de CAMH, veuillez vous adresser au Service des publications de CAMH :

Tél. : 1 800 661-1111
À Toronto : 416 595-6059
Courriel : publications@camh.ca
Cyberboutique : http://store.camh.ca